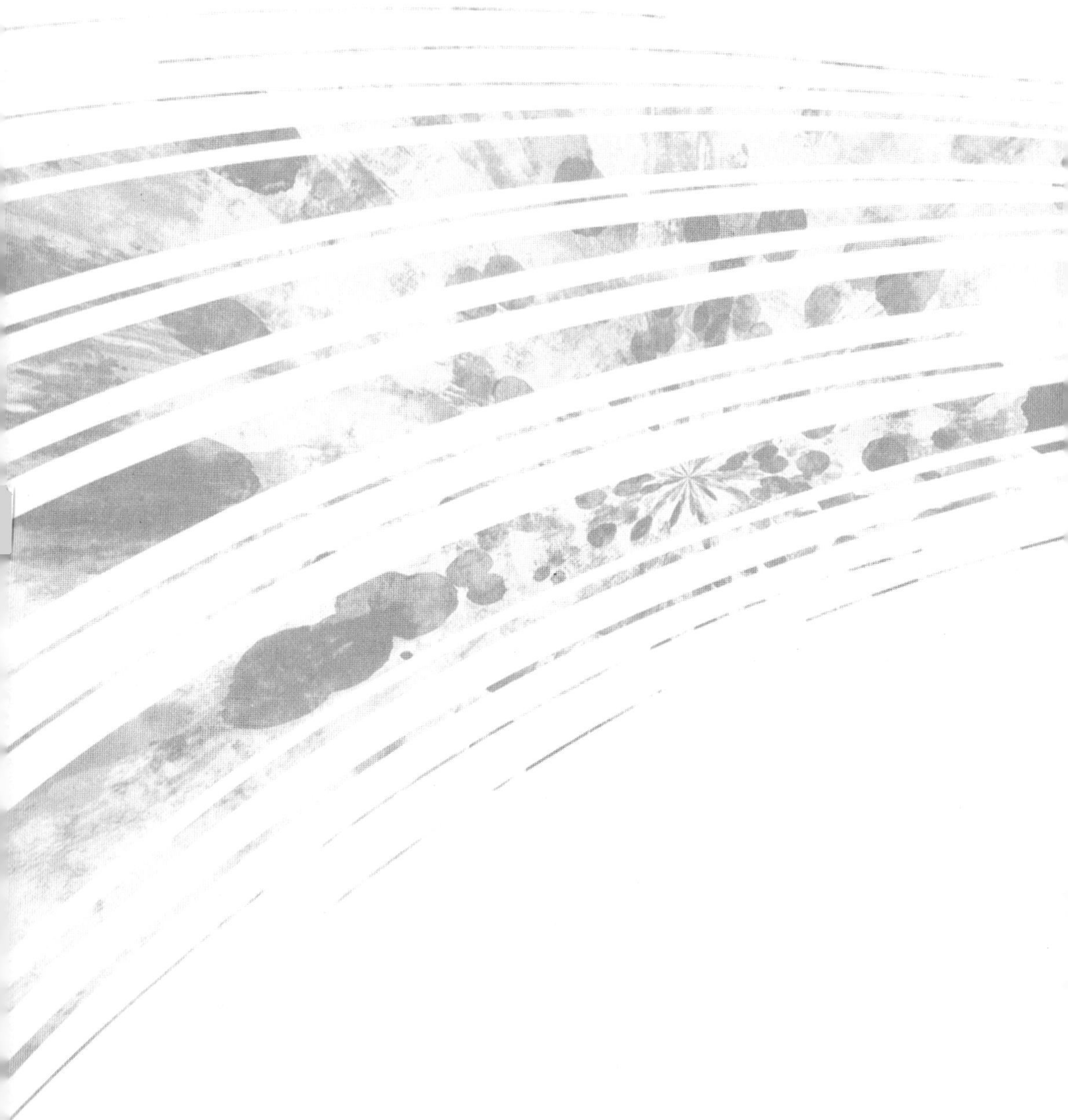

Study on Reliability Evaluation
of Coal Logistic Transportation Networks

煤炭物流运输网络
可靠性评估研究

曾 旗 牛义锋 徐秀珍 著

中国财经出版传媒集团
经济科学出版社
Economic Science Press

图书在版编目（CIP）数据

煤炭物流运输网络可靠性评估研究/曾旗，牛义锋，徐秀珍著．—北京：经济科学出版社，2018.5

ISBN 978 - 7 - 5141 - 9391 - 6

Ⅰ.①煤… Ⅱ.①曾…②牛…③徐… Ⅲ.①煤炭工业 - 物流 - 网络系统 - 研究 Ⅳ.①F407.21

中国版本图书馆 CIP 数据核字（2018）第 121186 号

责任编辑：李　雪
责任校对：隗立娜
责任印制：邱　天

煤炭物流运输网络可靠性评估研究
曾　旗　牛义锋　徐秀珍　著
经济科学出版社出版、发行　新华书店经销
社址：北京市海淀区阜成路甲 28 号　邮编：100142
总编部电话：010 - 88191217　发行部电话：010 - 88191522
网址：www.esp.com.cn
电子邮件：esp@esp.com.cn
天猫网店：经济科学出版社旗舰店
网址：http://jjkxcbs.tmall.com
固安华明印业有限公司印装
710×1000　16 开　13.5 印张　200000 字
2018 年 5 月第 1 版　2018 年 5 月第 1 次印刷
ISBN 978 - 7 - 5141 - 9391 - 6　定价：48.00 元
（图书出现印装问题，本社负责调换。电话：010 - 88191510）
（版权所有　侵权必究　举报电话：010 - 88191586
电子邮箱：dbts@esp.com.cn）

前　言

我国以煤炭为主导的能源消费结构决定了煤炭物流在整个社会商品物流中的独特作用。煤炭物流运输网络是煤炭物流活动开展的物质基础，是由多个彼此依赖、相互影响的功能环节组成的开放的复杂网络系统。在实际运营过程中，由于货物承载量大，输送距离远，物流节点多，煤炭物流运输网络的运行效率和服务质量易受到各种不确定因素的影响（譬如运输工具的故障、恶劣的天气、突发的交通事故等等）。特别地，这些不确定因素常常会导致服务质量的波动性和随机性，从而严重威胁煤炭物流运输网络安全稳定的运行。因此，当煤炭物流运输网络存在潜在的功能失效威胁时，如何量化网络失效的可能性，如何保证网络能够维持在合理的运行状态并持续提供可接受的服务质量具有重要的现实意义和应用价值。

可靠性是网络系统安全运行的基本属性。作为一种概率型评价指标，可靠性能有效描述网络在随机环境下的状态特性以及网络功能失效的可能性，这为评价煤炭物流运输网络的服务质量提供了重要的参考。煤炭物流运输网络的可靠性研究有助于科学研判网络运行态势、准确识别网络薄弱环节、优化网络资源配置，对提高煤炭物流效率、降低煤炭物流成本、提升煤炭企业经济效益都具有重要的现实意义。

本书重点针对煤炭物流运输网络可靠性评估的相关问题进行研究，具体研究工作主要包括以下几个方面。

（1）研究将保持可靠性不变的网络化简方法与状态空间分解方法整合应用于煤炭物流运输网络连通可靠性分析，提出了一种高效的连通可靠性计算方法。为衡量运输边对网络连通可靠性影响的重要程度，建立了运输边重要性的评价指标。以山西宏圣公司的煤炭物流运输网络为例，对其连通可靠性及运输边的重要性进行了讨论分析，并解释了连通可靠性和运输边的重要性所蕴含的管理学含义。

（2）多态极小路方法是评估网络能力可靠性的一类重要方法，本书针对传统多态极小路模型的不足，为了缩小多态极小路的搜索范围，借助于容量下界的概念研究并建立了多态极小路的改进数学模型；针对求解过程中的重复多态极小路问题，提出多态极小路的关联值概念，并建立了多态极小路与其关联值之间的对应关系，在此基础上，研究并提出一种新的方法来识别重复多态极小路。

（3）把物流运输费用与运输能力相结合，研究运输费用约束下的煤炭物流运输网络能力可靠性评估问题。满足费用约束的多态极小路可以用来计算运输费用约束下的能力可靠性，本书从定义出发研究并建立了状态向量空间存在满足费用约束的多态极小路的条件；为了提高满足费用约束的多态极小路的搜索效率，本书引入一种有效的分解方法将状态向量空间分解成搜索子空间。

（4）以大同到连云港的煤炭物流运输网络为分析对象，对其能力可靠性问题开展了实证研究。首先，对网络在不同承载能力水平下的可靠性进行了分析，并根据可靠性的概率属性，对网络的平均承载能力水平进行了评估；借助于灵敏度分析方法，研究了运输边可靠性的变化对网络能力可靠性的影响程度。其次，从能力可靠性的角度构建了煤炭物流运输网络改进方案的优化模型，并给出了关于网络最优改进方案的决策建议。最后，对网络在不同运输费用约束下的能力可靠性开展了评估，并分析了运输边单位运输费用的变化对网络能力可靠性的影响程度。

曾旗

于河南理工大学工商管理学院

能源经济研究中心

2018年4月

目录

1 绪论 / 1
  1.1 选题背景与研究意义 / 1
    1.1.1 选题背景 / 1
    1.1.2 研究意义 / 4
  1.2 国内外研究现状 / 5
    1.2.1 煤炭物流运输网络性能分析与优化研究 / 5
    1.2.2 物流网络可靠性研究 / 6
    1.2.3 煤炭物流网络可靠性研究 / 8
    1.2.4 网络可靠性评估研究 / 8
    1.2.5 研究现状分析 / 13
  1.3 研究内容和框架 / 13
  1.4 主要创新点 / 17

2 煤炭物流运输网络及网络可靠性分析 / 18
  2.1 我国煤炭物流发展现状与趋势 / 18

2.1.1　煤炭行业发展现状分析 / 18

　　2.1.2　我国煤炭物流的发展现状 / 22

　　2.1.3　煤炭物流业的发展环境 / 26

　　2.1.4　我国煤炭物流配送行业的主要问题 / 28

　　2.1.5　煤炭物流的发展趋势 / 33

2.2　煤炭物流运输网络 / 36

　　2.2.1　物流网络的概念与相关理论 / 36

　　2.2.2　煤炭物流的内涵与特性 / 39

　　2.2.3　煤炭物流运输网络的结构特征 / 43

2.3　煤炭物流运输网络可靠性问题 / 54

　　2.3.1　可靠性问题 / 55

　　2.3.2　可靠性概念 / 59

　　2.3.3　二态网络与多态网络 / 60

　　2.3.4　可靠性影响因素分析 / 61

　　2.3.5　可靠性评价指标 / 63

　　2.3.6　可靠性评估方法 / 65

2.4　可靠性分析的基本理论 / 76

　　2.4.1　连通可靠性分析中的基本概念 / 76

　　2.4.2　网络的删边与缩边 / 77

　　2.4.3　能力可靠性分析中的基本概念 / 79

　　2.4.4　容斥定理和不交和公式 / 80

2.5　本章小结 / 84

3　煤炭物流运输网络连通可靠性分析及运输边重要性度量 / 85

　　3.1　引言 / 85

　　3.2　煤炭物流运输网络的二态网络模型 / 88

3.3 基于极小路的网络连通可靠性分析方法 / 90
  3.3.1 状态向量集的判定 / 90
  3.3.2 保持可靠性不变的网络化简方法 / 92
  3.3.3 状态向量集分解方法 / 93
  3.3.4 连通可靠性分析步骤 / 96
3.4 算例分析与方法比较 / 97
3.5 基于极小割的网络连通可靠性分析方法 / 101
  3.5.1 基于极小割的状态向量集分解 / 101
  3.5.2 算法步骤 / 103
3.6 应用分析——以山西宏圣公司的煤炭物流运输网络为例 / 104
  3.6.1 相关背景介绍 / 105
  3.6.2 运输边的概率分布 / 107
  3.6.3 网络连通可靠性分析 / 107
  3.6.4 运输边的重要度 / 109
3.7 本章小结 / 112

4 煤炭物流运输网络能力可靠性评估 / 114

4.1 引言 / 114
4.2 煤炭物流运输网络的随机流网络模型 / 118
4.3 可靠性计算的候选 d-极小路问题 / 120
  4.3.1 候选 d-极小路模型一 / 120
  4.3.2 候选 d-极小路模型二 / 121
  4.3.3 候选 d-极小路验证方法 / 122
4.4 候选 d-极小路的改进数学模型 / 123
  4.4.1 容量下界的概念 / 124
  4.4.2 改进数学模型 / 127
4.5 重复 d-极小路的识别 / 128
4.6 提出的算法及算例分析 / 130

4.6.1 算法步骤 / 130

4.6.2 算例分析 / 132

4.7 数值试验及结果分析 / 135

4.8 多源点、多汇点网络的能力可靠性评估 / 138

4.9 本章小结 / 139

5 运输费用约束下的煤炭物流运输网络能力可靠性评估 / 141

5.1 引言 / 141

5.2 费用约束的随机流网络模型 / 143

5.3 提出的算法 / 146

5.3.1 理论分析 / 146

5.3.2 算法步骤 / 151

5.4 算例分析 / 153

5.5 数值试验与结果分析 / 158

5.6 本章小结 / 159

6 实证研究 / 161

6.1 引言 / 161

6.2 大同到连云港的煤炭物流运输网络能力可靠性分析 / 162

6.2.1 网络及数据描述 / 162

6.2.2 能力可靠性评估 / 164

6.2.3 平均承载能力水平 / 166

6.2.4 运输边可靠性对网络可靠性的影响 / 167

6.2.5 基于能力可靠性的网络最优改进方案 / 169

6.3 大同到连云港的煤炭物流运输网络在运输费用约束下的能力可靠性分析 / 176

        6.3.1 运输费用问题 / 176

        6.3.2 运输费用约束下的能力可靠性评估 / 179

        6.3.3 运输边单位运输费用对网络可靠性的影响 / 181

    6.4 改进网络可靠性的决策建议 / 182

    6.5 关于煤炭物流配送发展的建议 / 185

    6.6 本章小结 / 187

7 结论及展望 / 189

    7.1 结论 / 189

    7.2 展望 / 191

参考文献 / 194

后记 / 208

1

绪 论

1.1 选题背景与研究意义

1.1.1 选题背景

煤炭是我国最主要的基础能源,长期以来在社会一次能源消费中占据主导地位。近些年来,随着其他能源的深度开发与广泛利用(譬如水能、核能、太阳能等),煤炭在社会能源消费结构中的占比开始持续下降,但由于受资源禀赋、路径依赖和能源安全等因素的影响,煤炭在我国未来相当长时期内的一次能源结构中仍将占据主导地位。统计表明,2015年和2016年我国煤炭消费总量分别为39.6亿吨和39亿吨,在我国当前的一次能源消费中占62.3%。煤炭资源的可靠性、价格的低廉性、利用的可洁净性,决定了我国"煤为基础,多元发展"的能源战略方针[1,2]。

我国煤炭地理分布的不均衡和区域经济发展的不均衡导致我国煤炭

运输基本上形成长距离的运输格局，这就决定了煤炭运输需要依靠铁路、公路、海运和内河运输，而"西煤东调""北煤南运""铁海联运"则是最显著的煤炭运输模式[3-5]。这种运输格局和运输模式决定了煤炭物流的转运点较多，运输方式多样，实现过程复杂；加之煤炭企业的矿井分布散乱，远离主要交通干线，使得我国煤炭物流呈现"大规模、长距离、多节点"的明显特征[5,6]。

人们对煤炭的关注，主要集中在煤炭生产、销售及煤炭安全等方面，而忽视一个很重要的方面——煤炭物流。国务院2009年颁布的《物流业调整和振兴规划》中提出"加强煤炭物流设施建设，建立煤炭物流体系"作为我国物流发展的重点领域之一，并将"加快煤炭物流通道建设，以山西、内蒙古、陕西煤炭外运为重点，形成若干个煤电路港一体化工程，完善煤炭物流系统"作为重点工程。

煤炭从开采到利用的整个过程都离不开煤炭物流，我国能源消费的结构性特征决定了煤炭物流不仅关系着煤炭行业自身的生存与发展，而且也关系着众多上下游行业的生存与健康发展。因此，煤炭物流在社会经济发展中发挥独特的作用。煤炭物流运输网络是煤炭物流活动的载体，煤炭物流活动的开展、协调、优化以煤炭物流运输网络为技术支撑，所以，煤炭物流运输网络的运行效率与服务质量直接关系到煤炭物流的整体效益水平，更直接影响到国民经济的安全、稳定运行。2008年初，我国南方部分省区市发生的持续低温雨雪冰冻灾害性的天气使得我国的高速公路网络、铁路大动脉、航空运输陷入瘫痪的状态。许多国计民生的必备物资以及工业原材料和工业能源的运输出现拥堵"瓶颈"。与此同时，煤炭运输的压力持续增大，南方地区煤炭供应紧张，北煤南运任务迫在眉睫。我国17个省区市的电厂因为严重缺煤而导致拉闸限电。有限的煤炭运输能力严重影响并制约着我国工业生产和经济增长。2010年1月的大雪又导致我国的13个省区市拉闸限电，煤炭运输再次告急。2010年1月9日以来，交通运输部接连下发紧急通知，要求各级交通运输管理部门和企业高度重视保民生、保运行工作，精心组织电煤抢运。2010年1月11日，交通运输部召开专题会议，再次研究部署电煤抢运工作。这些都充分说明，煤炭物流运输在社会经济发展中的重要作用。

煤炭物流运输网络由煤炭物流节点和衔接节点的线路组成，是煤炭物流活动顺利进行的物质基础。实现煤炭商品在生产地与消费地之间的安全、高效流动是煤炭物流运输网络的基本功能。作为一个开放、复杂的网络系统，煤炭物流运输网络的节点和线路紧密衔接，各个功能环节彼此依赖、相互影响[7-9]；加之货物承载量大、输送距离远、物流节点多等特点，煤炭物流运输网络的运行效率和服务质量容易受到各种不确定因素的影响（例如，运输工具的损伤或故障导致承载能力的下降，交通事故或自然灾害导致某个物流节点或线路中断，这些都可能影响煤炭物流运输网络的服务功能）。这些因素有来自运输工具、信息沟通、煤炭供应等内部运作的不确定性，有来自煤炭运输网络结构的不稳定性以及来自恶劣天气、交通事故、自然灾害等外部环境的不确定性[10-12]。这些不确定因素常常导致煤炭物流运输网络的服务功能呈现较大的波动性和随机性，给煤炭物流运输网络的安全稳定运行造成不利影响。在随机因素相互交织的不确定环境中，煤炭物流运输网络能否提供稳定、可靠的物流服务已经成为衡量其运行效率的关键要素。因此，煤炭企业管理者要面对的一个挑战是，当煤炭物流运输网络存在潜在的功能失效威胁时，如何量化网络失效的可能性，如何保证网络能够维持在合理的运行状态并持续提供可接受的服务功能，而这正是可靠性研究要分析和解决的问题[13-18]。

大多数煤炭企业现有的物流网络，不能满足煤炭生产、加工、运输等方面的需求，这在一定程度上制约了煤炭企业的发展，特别是一些以煤炭资源作为支柱产业的地区，这一问题显得尤为突出。这些地区的煤炭物流网络主要存在着节点分散，运输拥堵，物流基础设施不完善，缺少现代化信息平台和风险防控措施薄弱等问题。

基于以上背景，本书在现有研究成果的基础上，对煤炭物流运输网络可靠性评估问题展开研究，重点针对煤炭物流运输网络的连通可靠性、能力可靠性及运输费用约束下的能力可靠性等问题进行深入研究，并以可靠性分析为工具对煤炭物流运输网络开展实证研究，以此阐释网络可靠性在煤炭物流运输网络性能评估方面的内涵，并为煤炭物流企业在煤炭物流运输网络的运营与管理方面提供决策建议。

1.1.2 研究意义

随着现代煤炭物流的不断发展，高效快捷的物流运输网络是现代物流发展的需要，物流网络可靠性评估与优化研究已经成为学术界和企业界关注的热点问题。通过对影响物流网络可靠性的因素指标进行量化，建立科学的评价体系，构建出网络优化模型，并运用科学的方法进行求解。这一科学的网络优化流程，不仅是对该领域相关理论研究的延伸，而且对具体应用也具有重要的实际意义。

当前，针对煤炭物流运输网络性能分析的研究大多建立在确定性网络模型基础之上，所构建的性能评价指标也多是确定性指标。可靠性作为一种概率评价指标，能有效描述网络在随机环境下的状态特性以及网络功能失效的可能性大小，从而为评估煤炭物流运输网络的服务质量提供了重要参考。

可靠性分析是衡量不确定性因素作用下网络性能的强大工具。网络可靠性反映了网络系统在规定时间和规定条件下完成既定服务功能的能力，是网络系统综合性能的集中体现。可靠性高的网络系统不仅能显著降低自身运行、维护的成本，而且能极大提升服务的效率。煤炭物流运输网络的可靠性研究有助于科学研判网络的运行态势，有助于准确识别影响网络性能水平的薄弱环节，也有助于优化网络结构以提升其安全运行水平，从而对提升煤炭物流效率、降低物流成本、提高煤炭行业的经济效益和市场竞争力具有重要的意义。

煤炭物流网络可以实现物流各主体间进行资源和信息共享，实现资源的最大化利用。煤炭生产企业、运输企业和客户可以通过网络实现库存资源、运输资源、生产信息、物流信息和客户信息的共享，进行资源的优化配置，提高物流网络整体效益。物流网络的建立，加强了产业链的延伸，增强了煤炭产业的集中化和一体化。先进的物流信息技术的使用，可以实现整个物流网络信息传递的高效、及时和准确，大大提高了物流网络水平，进而加强煤炭产业的核心竞争力。

1.2 国内外研究现状

1.2.1 煤炭物流运输网络性能分析与优化研究

目前，国内部分学者从网络性能分析及优化的角度对煤炭物流运输网络开展了相关研究。乔金锁等人[10]从煤炭物流运输网络的特性出发，定义了煤炭物流运输网络的结构鲁棒性，并建立了结构鲁棒性评价指标。姚丙路[12]从复杂网络的角度研究了煤炭物流运输网络拓扑结构的静态统计性质，利用最大连通子图和网络效率两种评价指标对煤炭物流运输网络的鲁棒性进行了分析。赵聪颖[19]从基于复杂网络的均衡效率分析模型，基于网络效率的运输效率分析模型和基于绿色物流的环境效率分析模型三个方面对煤炭物流运输网络效率问题进行了较为全面的研究。管小俊[8]通过建立煤炭物流运输网络的风险评价指标体系、风险评价模型，对煤炭物流运输网络的风险评价问题进行了较为深入的研究，并研究了煤炭物流运输网络的均衡保持策略问题。赵鲁华等人[11]针对煤炭物流运输网络风险评价问题，建立了风险评价指标体系，并采用模糊评价法来评估煤炭物流运输网络面临的风险。崔迪等人[4,5]对煤炭物流运输网络的相关特性进行了汇总和分析，并结合实际重点探讨了煤炭物流运输网络的复杂性和安全可靠性问题。

赵国智等人[20]在分析煤炭物流运输网络一般特征及复杂特征的基础

上，从复杂网络的角度提出了煤炭物流运输网络的优化模型。李爱彬[21]从可持续发展的角度出发，提出煤炭绿色物流概念，并对煤炭绿色物流系统的构建与优化进行了研究。武云亮等人[22]通过对煤炭物流运输网络体系结构的分析，详细阐述了我国煤炭物流节点、物流通道、交易平台等方面的现状，给出了优化煤炭物流运输网络的政策建议。王帅[23]根据煤炭物流网络运作理论研究了煤炭物流运输网络的运作机制，以及煤炭物流运输网络运作模式的优化问题。汪文生等人[24]从费用的角度建立了多级煤炭物流网络优化模型。赵鲁华等人[25]通过对全国主要煤炭产销地和其主要运输通道的调查，在定性分析煤炭物流网络运行结构、煤炭物流中心宏观布局的基础上，提出了全国煤炭物流中心宏观布局的优化方案。

1.2.2 物流网络可靠性研究

近些年来，多数学者对物流网络可靠性的研究主要集中在供应链网络、应急物流网络及农产品物流网络等领域。王建和张文杰[26]从单级供应链可靠性分析出发，对基于马尔可夫过程的多级供应链可靠性进行了研究，根据研究结果提出了一些提高供应链可靠性的措施。方敏[27]利用Meta图模型对供应链可靠性进行了研究，曾峰和李夏苗[28]通过对供应链可靠性影响因素的分析，运用层次分析法对供应链基本结构模型的可靠性问题进行了定量的研究，提出了可靠性评价方法。刘元洪等人[29]基于系统可靠性工程理论对供应链可靠性进行了界定，分析了影响供应链可靠性的因素，并提出提高供应链可靠性的管理措施。宁科荃[30]研究了供应链链状结构的可靠性与网状结构的可靠性之间的差异，并提出了成本最小的供应链可靠性优化模型。许振宇等人[31]研究了应急供应链可靠性评价问题。王妮（Wang）等人[32]研究了供应链系统中的物流服务可靠性，给出了物流服务的可靠性定义，建立了最短路可靠性分析模型。林义贵（Lin）[33]把供应链网络建模为一个随机流网络模型，研究了供应链网络的能力可靠性问题。

从系统可靠性角度出发,陈坚等人[34]提出区域路网应急连通可靠性的概念,从抵御自然灾害破坏和满足应急物资和抢险救援需求两个方面构建了网络设计的双层规划模型。张雪松等人[35]通过对应急物流网络可靠性内涵和影响因素的分析,提出应急物流网络可靠性的定义及其度量方法,并以可靠性为约束条件建立了应急物资调配的多目标优化模型。王敏功等人[36]运用复杂网络理论研究了应急物流网络可靠性问题,提出了复杂应急物流网络连通可靠性的评价指标,构建了复杂应急物流网络的拓扑模型。张有志等人[37]在剖析城市应急物流系统可靠性内涵的基础上,构建了城市应急物流系统可靠性的评价指标体系,并利用模糊综合评判法进行城市应急物流系统的综合评价。

张淼[38]通过分析生鲜农产品物流网络的特征,提出了生鲜农产品物流时间可靠度和品质可靠度两个指标,并以此为约束条件分别建立了随机机会约束模型来确定物流中心选址和节点间物流量分配问题。同年,冯国璧等人[39,40]通过考虑运输线路容量的随机性特征,建立了随机流网络模型来研究农产品物流网络可靠性问题。陈德良[41,42]针对物流网络可靠性的关键问题进行了综合研究,并从应用的角度建立了物流网络规划的可靠性优化模型。胡尊国[43]利用广义马尔可夫过程理论研究了一般化的物流配送可靠性模型及其拓广应用问题。

简进嘉(Jane)[44]把物流网络看作是一个二态随机流网络模型,提出了一种评估物流网络能力可靠性的算法。林义贵、牛义锋(Niu)等人[45,46,47]以及简进嘉和赖艺文[48,49]则把物流建模成一个多态随机流网络模型,对其能力可靠性问题和费用约束下的能力可靠性问题进行了研究,并分别提出了有效的可靠性评估方法。林义贵和叶成大[50]从可靠性的角度研究了物流网络中承运人的选择问题。彭鹏等人[51]研究了随机破坏下的可靠物流网络设计问题。

另外,国内部分学者对可靠性在军事物流领域的应用研究也做了一些工作,譬如,缪子山[52]从替代路径的角度对军事物流运输网络连通可靠性评价问题进行了研究。关于军事物流网络可靠性评估研究的相关进展见文献[53]。

1.2.3 煤炭物流网络可靠性研究

相对于供应链网络可靠性和应急物流网络可靠性，煤炭物流网络可靠性的研究相对较少，也较分散。余静[54]采用数理统计方法和可靠性理论建立了评价中转站交接作业过程的可靠性模型，并通过实例分析对作业可靠性进行了解释。崔迪等人[4]从论述分析的角度对我国煤炭海铁联运物流网络复杂性及安全可靠性问题进行了初步研究。朱婷婷[7]把可靠性（即网络完成物流服务的概率）作为约束条件讨论了煤炭物流网络优化设计问题。周宣赤[55]针对煤矿生产物流系统的可靠性问题，建立了相关理论模型。甄小燕[56]通过分析南方雪灾对煤炭运输的影响，对提高煤炭运输系统可靠性提出了相关建议。王雪[57]以山西煤炭运输公路网为研究对象，借助于复杂网络可靠性理论，研究了网络在不同攻击策略下的可靠性。才庆祥、余静[58]把一般可靠性原理引入煤炭矿区铁路运输系统可靠性研究，对煤矿矿区铁路运输系统可靠性的基本特点、评价指标体系进行了分析与研究。需要指出的是，以上相关工作都没有真正从多态网络模型的角度对煤炭物流网络可靠性问题展开理论研究，研究结果具有一定的局限性。

1.2.4 网络可靠性评估研究

网络可靠性评估分为二态网络可靠性评估[60-78]与多态网络可靠性评估[79-135]。当前，关于网络可靠性评估的研究主要依据概率方法来进行，而本书研究的可靠性方法也属于概率方法。因此，下面主要针对这类方法给予详细介绍。

二态网络可靠性评估研究主要集中于不交和方法[61-65]，容斥定理方法[66-68]，因子分解方法[69-71]。无论是不交和方法，还是容斥定理方法，都需要提前枚举网络所有的极小路或极小割，且时间复杂度随极小路或极小割的数目呈指数增加。最近，米夏（Mishra）等人[61]通过密集的数值试验指出，基于极小路的时间复杂度和基于极小割的时间复杂度随网络拓扑结构变化较大。默克维兹（Moskowitz）[69]最先提出用因子分解定理来计算网络的可靠性，如森达和伍德（Resende & Wood）[70,71]都进一步推广了因子分解算法。在国内，崔磊[72]和孙艳蕊等人[73]也都分别改进了因子分解算法。最近，牛义锋等人[75,76]利用文献［74］中提出的分解技术提出了两种新的分解方法来计算网络可靠性。哈迪（Hardy）[77]利用二元决策图应用于网络可靠性的评估。

多态网络可靠性评估的研究相对比较广泛，所采用的方法也较多，主要有随机过程法[84-87]、多值决策图法[88-93]、通用生成函数法[80,81,94-99]、状态空间分解法[48,49,100-104]和多态极小路/多态极小割法[105-134]。鉴于本书在煤炭物流可靠性分析中所研究的方法属于多态极小路方法，因此，我们仅介绍这类可靠性评估方法的研究现状。

多态极小路方法主要用于分析随机流网络的容量可靠性（或称能力可靠性，在后面的讨论中对这两个名称将不再区分）问题，且借助于网络流的相关概念和理论来实现。给定容量水平 d，容量可靠性 R_d 是指网络在一定条件下能够把 d 单位的网络流从源点 s 成功输送到汇点 t 的概率（即网络的容量水平大于等于 d 的概率），容量可靠性刻画了网络系统在随机性因素作用下对"流"的传输能力，该可靠性指标重点关注网络的容量水平。后来，随着研究的深入，一些研究者在容量可靠性分析中加入了费用约束，于是提出了费用约束下的容量可靠性指标。

多态极小路方法的核心是寻找网络所有的多态极小路。为了体现网络容量水平 d，多态极小路又称作 d-极小路。如果知道网络所有的 d-极小路，则容量可靠性 R_d 就可以通过容斥定理方法或不交和方法来计算。林森崇等人[105]利用网络极小路最早建立了关于候选 d-极小路的数学模型。在已知网络极小路信息的前提下，林森崇等人利用流守恒条件把满足要求的网络流分配到所有极小路上，从而构建了一个关于候选 d - 极小路的数学模型。候选 d - 极小路不一定是 d - 极小路，但可以利用比较法从候选 d - 极小路中寻找真正的 d - 极小路，即把每个候选 d - 极小路与其他所有的候选 d - 极小路进行比较以确定其是否是 d - 极小路。后来，林义贵[106]进一步推广了文献 [105] 中的模型和算法，在模型中，林义贵不仅考虑边的不可靠性，而且考虑点的不可靠性。叶维彰 (Yeh)[107]通过时间复杂度分析得出，比较法在验证候选 d - 极小路方面效率很低，于是提出了一种更高效的方法来验证候选 d - 极小路，该方法被称作验圈法（验证候选 d - 极小路中是否包含有向圈）。沙提萨森和卡泊（Satitsatian & Kapur）[108]提出利用极小增广路算法来求解 d - 极小路。该算法首先利用极小割来确定种子向量；在种子向量的基础上，算法采用极小增广路方法求得部分 d - 极小路。当极小割的数量增加时，得到的 d - 极小路的数量也随着增加。该算法不仅需要知道极小路信息，而且还需要知道极小割信息，同时，该算法也没有明确给出需要多少极小割才能得到所有的 d - 极小路。因此，其本质上属于一种近似算法。在林义贵[106]方法的基础上，陈信广和林义贵[109]最近提出了一个改进算法来寻找 d - 极小路。该算法的核心是利用快速枚举法来求解候选 d - 极小路。数值试验表明快速枚举法能显著提高候选 d - 极小路的求解效率。

前面介绍的方法都是针对给定的需求水平 d 来讨论 d - 极小路问题，白光晗等人[110]认为为了完整刻画网络的性能水平，有必要了解网络在所有容量需求水平下的可靠性。因此，需要求解网络所有容量需求水平对应的 d - 极小路。如果利用现有算法来寻找不同容量需求水平 d 对应的 d - 极小路，就必须多次调用该算法，这样将消耗很大的计算量。鉴于此，白光晗等人[110]提出了一个针对该问题的递归算法。该算法首先需要知道网络的所有极小路，这些极小路的向量表示形式实际上就是1 - 极小路；算法根据极小路和1 - 极小路求得2 - 极小路；再根据极小路和2 - 极小路求得3 - 极小路，依次进行下去；当最大容量需求水平对应的 d - 极小路找到以后，算法便得到了关于所有容量需求水平的d - 极小路。需要指出的是，前面提到的算法都需要知道网络的所有极小路信息，且它们的时间复杂度直接相关于极小路的数量。注意到确定网络极小路本身也是一个 NP 难问题，并且网络中极小路的数量随网络规模大小呈指数增加。因此，前面所有基于极小路的算法都具有较高的时间复杂度。

不需要知道极小路和极小割信息，人们也提出了一些求解 d - 极小路的其他方法。瓦米若马克（Ramirez - Marquez）等人[111]利用信息分享的概念给出一种求解 d - 极小路的方法。所谓信息分享是指网络中彼此相邻的边总是能够分享一些有价值的信息。该方法本质上属于完全枚举法，因此，需要枚举大量的状态组合。而且，该方法受限于网络中不能包含有向圈这个约束。根据最大网络流理论模型，叶维彰[112]提出了一个关于候选 d - 极小路的数学模型。该模型包含的变量和约束条件的数量都少于林森崇等人[105]的模型的数量。通过隐式枚举法求解该模型得到候选 d - 极小路，最后采用验圈法检验候选 d - 极小路是否是 d - 极小路。叶维彰[112]通过理论分析指出，该方法的时间复杂度低于林森崇等人[105]给出的算法的时间复杂度，也低于林义贵[106]的算法的时间复杂度。但注意到叶维彰的模型中仍然包含大量的状态向量，且叶维彰的算法[112]不能直接应用于求解无向网络的 d - 极小路问题。后来，徐秀珍和牛义锋[113]，以及牛义锋等人[114]从搜索效率方面对叶维彰[112]的算法作了进一步的改进，其中，在文献 [113] 中，徐秀珍和牛义锋提出把状态向量空间分解成子空间，丢弃不包含 d - 极小路的状态向量子空间，而只需在满足条件的状态向量子空间中搜索 d - 极小路即可，从而显著提高 d - 极小路的求解效率。在文献 [114] 中，牛义锋等人提出了容量下界的概念，并把该概念应用于 d - 极小路模型中，从而能够缩小 d - 极小路的搜索范围，达到提高 d - 极小路求解效率的目的。

给定网络容量水平 d 和费用预算 c，费用约束下的容量可靠性 R_d 是指网络在一定条件下能够把 d 单位的网络流从源点 s 输送到汇点 t，且总的费用不超过给定的费用预算 c 的概率。费用约束下的多态极小路方法[127-131]是评估费用约束下的容量可靠性的基本方法。为了体现网络容量水平 d 和费用约束 c，费用约束下的多态极小路又称作（d，c）-极小路，如果知道网络所有的（d，c）-极小路，则 R$_{(d,c)}$仍然可以通过容斥定理方法或不交和方法来计算。

　　林森崇[127]利用极小路构建了关于（d，c）-极小路的数学模型，该数学模型是建立在边容量约束，流守恒条件以及费用约束的基础上。林森崇利用隐式枚举法求解该模型，模型的可行解被称为候选（d，c）-极小路。最后，利用比较法来验证候选（d，c）-极小路是否是真正的（d，c）-极小路，即每个候选（d，c）-极小路都需要和其他的候选（d，c）-极小路进行比较以确定其是否是（d，c）-极小路。由于候选（d，c）-极小路的数量随网络规模的增大呈指数增加，验证候选（d，c）-极小路是一项繁重的工作。林义贵[128]在网络模型中不仅考虑了边的不可靠性，而且考虑了点的不可靠性。林义贵[128]根据流守恒条件把网络流分配到所有极小路上，并据此建立了关于（d，c）-极小路的数学模型。注意到林义贵的方法仍然是用比较法来判定候选（d，c）-极小路是否是（d，c）-极小路。不同于前面的比较法，叶维彰[129]提出了一个验圈法来验证候选（d，c）-极小路，即对于一个给定的候选（d，c）-极小路来说，如果它不包含有向圈，该候选（d，c）-极小路是（d，c）-极小路；否则，它不是（d，c）-极小路。注意到叶维彰[129]的算法所采用的数学模型是与文献［97］中的模型一样，因此，叶维彰的算法仍然是建立在极小路的基础上。

　　不需要知道极小路信息，叶维彰[130]根据流守恒条件建立了一个关于（d，c）-极小路的简单数学模型。模型的解仍然称为候选（d，c）-极小路，叶维彰[130]仍然采用验圈法来验证候选（d，c）-极小路是否是（d，c）-极小路。叶维彰理论分析表明，算法在求解效率方面要胜过前面提到的算法。但叶维彰的算法的最大缺陷是在求解过程中需要枚举大量的状态向量。在上述算法的基础上，牛义锋和徐秀珍[131]提出了一个更高效的算法来求解（d，c）-极小路。牛义锋和徐秀珍利用文献［131］中的相关理论构建了关于（d，c）-极小路的数学模型；并且，牛义锋和徐秀珍利用容量下界的概念得到关于（d，c）-极小路的改进数学模型。在此基础上，牛义锋和徐秀珍提出了一种求解（d，c）-极小路的算法。理论分析表明，当容量需求水平 d 较大时，牛义锋和徐秀珍的算法的求解效率高于叶维彰的算法的求解效率，但当容量需求水平 d 较小时，两种算法在求解效率方面没有明显的差别。

1.2.5 研究现状分析

综上所述，研究者在煤炭物流运输网络性能分析与优化、物流网络可靠性、煤炭物流网络可靠性、网络可靠性评估方法等方面已经取得了一些研究成果，但相关研究仍然存在一些需要改进的地方，主要体现在以下几个方面：

首先，在研究对象上，关于煤炭物流运输网络可靠性的研究相对不多，并且，现有研究也极少从可靠性分析的角度来评价煤炭物流运输网络的性能水平；

其次，多数研究侧重于关注二态网络模型下的煤炭物流运输网络可靠性问题，对多态网络模型下的煤炭物流运输网络可靠性问题的研究相对欠缺；

再次，近些年，研究者针对网络可靠性评估方法已经做出了许多创新性的研究工作，但这些方法无论是在计算复杂性方面还是适应性方面仍有较大的改进空间；

最后，从应用的角度，相关文献鲜有把可靠性作为决策目标来研究煤炭物流运输网络最优改进问题。

1.3 研究内容和框架

本书综合运用图论与组合数学，网络流理论，可靠性理论、最优化理论、数理统计、物流与供应链管理等知识，重点针对煤炭物流运输网络的连通可靠性，能力可靠性，运输费用约束下的能力可靠性进行深入研究，构建了可靠性理论模型，并提出了更高效的可靠性评估方法。从应用的角度，本书对实际煤炭物流运输网络可靠性问题开展了实证研究，构建了煤炭物流运输网络最优改进方案的数学模型，从管理的角度阐释了可靠性的含义，并讨论了网络最优改进策略。

总体框架见图1-1，本书的内容安排分为七个部分。

第1章为绪论，主要介绍选题背景、研究意义、国内外研究现状等。

第2章是煤炭物流运输网络概述部分，主要介绍物流网络的概念，并阐明煤炭物流的内涵和特征，煤炭物流运输网络的结构特征；同时，本章详细讨论了可靠性的概念，可靠性评价指标，影响煤炭物流运输网络可靠性的因素以及可靠性评估方法。

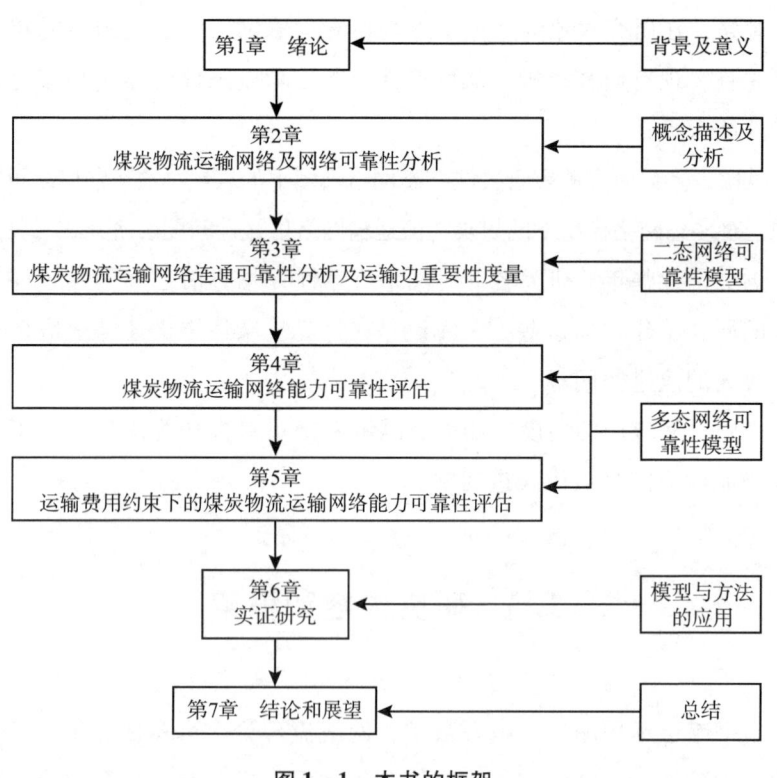

图1-1 本书的框架

第3章研究煤炭物流运输网络的连通可靠性，提出了一种高效的连通可靠性评估方法，并建立了度量运输边重要性的评价指标。与此同时，本章把提出的可靠性方法及重要性评价指标应用于实际煤炭物流运输网络的可靠性分析。

第4章研究煤炭物流运输网络能力可靠性评估的多态极小路方法，建立了多态极小路的改进数学模型，提出了识别重复多态极小路的有效方法，最后提出了一种高效的多态极小路求解方法。

第5章研究运输费用约束下的煤炭物流运输网络能力可靠性评估方法，提出了一种新的、更高效的方法来求解满足费用约束的多态极小路。

第6章从应用的角度对一个实际煤炭物流运输网络的能力可靠性进行了详细分析和讨论，并把网络可靠性作为决策目标构建了网络最优改进方案的数学模型。通过灵敏度分析的方法研究了运输边可靠性（运输边单位运输费用）的变化对网络可靠性的影响，阐释了可靠性的管理含义。

第7章对全书的研究工作及结论进行了全面总结，并对未来有待深入研究的相关问题进行了分析。

本书的主要研究内容包括以下几个部分。

（1）煤炭物流运输网络连通可靠性分析及运输边重要性度量

连通可靠性与网络的拓扑结构密切相关，在保持网络可靠性不变的前提下，本书引入三种网络化简方法来降低网络的结构复杂性：即串联结构化简、并联结构化简和1度点结构化简；结合状态向量集分解技术，本书提出了一种递归分解方法对网络的状态向量空间进行分解，使得所有的可行状态向量集被分离出来，而网络两终端连通可靠性就等于所有可行状态向量集的概率和。为衡量运输边对网络连通可靠性影响的重要程度，本书建立了运输边重要性的评价指标——运输边的重要度，并给出了计算重要度的理论公式。最后，本书把提出的算法及重要性评价指标应用于实际煤炭物流运输网络的可靠性分析，并从管理者的角度解释了网络可靠性所蕴含的管理含义。

(2）煤炭物流运输网络能力可靠性评估

本书把煤炭物流运输网络建模成一个随机流网络，提出了一种评估网络能力可靠性的多态极小路方法。为了提高多态极小路的求解效率，本书借助于容量下界的概念来缩小多态极小路的搜索范围，并在传统多态极小路数学模型的基础上，建立了改进数学模型；为了判定和识别重复多态极小路，本书提出多态极小路的关联值概念，通过多态极小路与其关联值的对应关系来确定并删除重复多态极小路。最后，本书提出了一种新的多态极小路求解算法，并通过数值试验对算法的性能进行了检验。

（3）运输费用约束下的煤炭物流运输网络能力可靠性评估

物流运输费用是衡量煤炭物流运输网络运行效率的一个重要方面，同时也是影响煤炭企业经济效益极其关键的一个要素，为了更全面地评估煤炭物流运输网络的运行质量，有必要在能力可靠性分析中引入物流运输费用约束。满足费用约束的多态极小路可以用来计算运输费用约束下的能力可靠性。因此，求解费用约束下的多态极小路是一个关键问题。本书研究了状态向量空间（子空间）中存在满足费用约束的多态极小路的条件，在此基础上，本书通过引入一种有效的分解方法来分解满足费用约束的多态极小路的搜索空间，以此达到缩小搜索空间的目的。最后，本书提出了一种新的、更高效的算法来求解满足费用约束的多态极小路，并通过数值试验对算法的求解效率进行了检验。

（4）煤炭物流运输网络能力可靠性的实证研究及改进方案的优化模型

本书把大同到连云港的煤炭物流运输网络作为讨论对象，对其能力可靠性进行了深入分析研究。利用提出的可靠性方法计算了该煤炭物流运输网络能力可靠性/费用约束下的能力可靠性，并解释了可靠性的管理含义。根据可靠性的概率属性，本书提出期望能力的概念来评估该煤炭物流运输网络的服务能力。借助于灵敏度分析方法，本书研究了运输边可靠性的变化/运输边单位运输费用的变化对网络能力可靠性的影响。

并且，本书把网络可靠性作为决策目标，构建了煤炭物流运输网络最优改进方案的理论模型。

1.4　主要创新点

本书从网络性能分析的角度出发，以网络可靠性理论为主线，深入研究了煤炭物流运输网络可靠性评估方法及应用等问题。具体来讲，本书的理论创新点主要体现在以下几个方面：

①本书通过整合保持可靠性不变的网络化简方法与网络状态向量集分解方法，提出了一种更高效的连通可靠性分析方法，并根据连通可靠性建立了度量运输边重要性的评价指标。

②针对能力可靠性评估中的多态极小路问题，本书借助于容量下界的概念建立了多态极小路的改进数学模型，并首次提出多态极小路的关联值概念来判定和识别重复多态极小路。

③针对运输费用约束下的能力可靠性评估问题，本书从理论上建立了状态空间存在满足费用约束的多态极小路的条件，并把状态向量空间分解方法应用于求解满足费用约束的多态极小路。

本书的实践创新点为：

①本书从能力可靠性的角度开展了相关实证研究，根据可靠性的概率属性，提出平均承载能力水平的概念来衡量煤炭物流运输的服务能力。

②通过构建煤炭物流运输网络最优改进方案的理论模型，本书对大同到连云港的煤炭物流运输网络的最优改进策略提供了相关决策建议。

2

煤炭物流运输网络及网络可靠性分析

煤炭物流在我国煤炭产业中占据重要地位，煤炭从开采到最终利用的整个过程都离不开煤炭物流。煤炭物流运输网络是煤炭物流活动的载体，是开展、协调、优化煤炭物流活动的基础支撑网络。因此，煤炭物流运输网络的运行质量与服务水平直接关系到煤炭物流的健康稳定发展。本章首先介绍物流网络的概念，然后详细讨论煤炭物流运输网络的结构及特征，最后对网络可靠性问题进行分析和总结。

2.1 我国煤炭物流发展现状与趋势

2.1.1 煤炭行业发展现状分析

煤炭是我国的主体能源和重要的工业原料。1949年以来，全国累计生产煤炭790亿吨，煤炭在我国一次能源生产和消费结构中的比重分别占70%和60%以上，为国民经济和社会长期平稳较快发展提供了可靠的能源保障，做出了历史性贡献。资源禀赋导致煤炭作为我国能源的消费主体地位长期不变,"十三五"期间煤炭工业仍然具有发展空间。"十二五"期间,新能源行业取得跨越式发展,煤炭占国内一次能源消费的比例从2010年的69%下降了5.2个百分点,至2015年的64%[59]。根据《能源发展"十三五"规划》,从消费总量上看,煤炭将由2015年的39.65亿吨上升到2020年的41亿吨;从消费结构上看,煤炭消费占比将由64%降低到58%以下。煤炭消费占比将会持续下降,但一次能源消费霸主地位不变。截至2015年,我国煤炭已探明储量占全球的12.84%(见图2-1),煤炭消费量更是占全球的50%(见图2-2)。

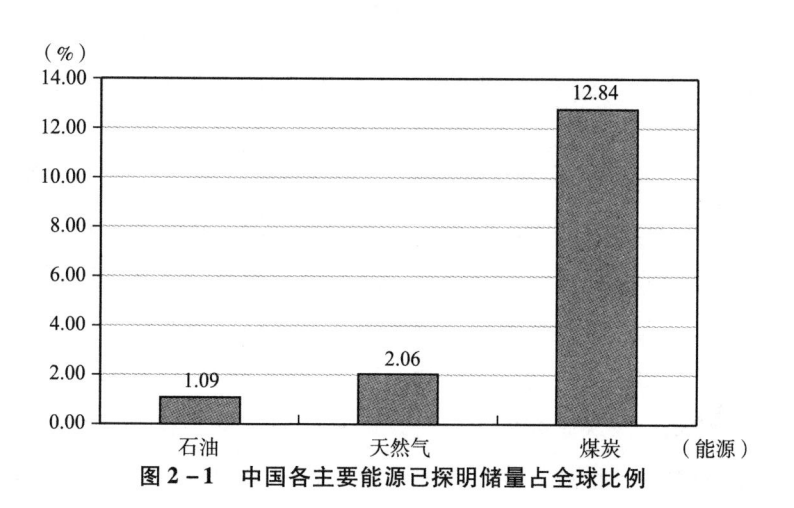

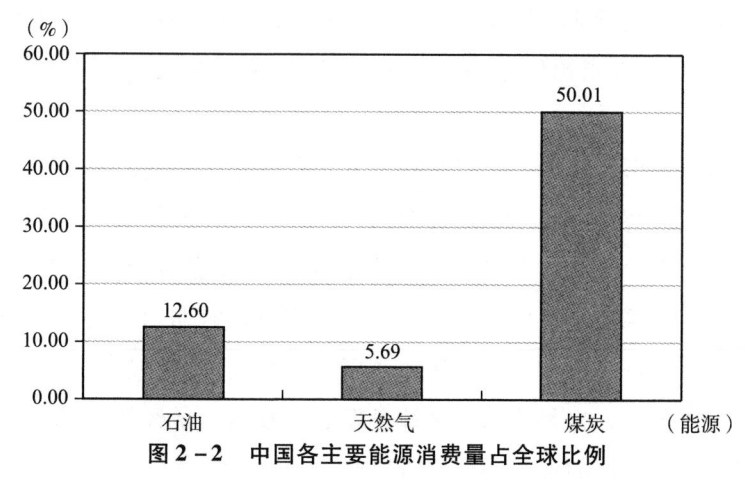

图2-1 中国各主要能源已探明储量占全球比例

图2-2 中国各主要能源消费量占全球比例

我国的"富煤、少油、贫气"的资源禀赋，叠加13亿人口的巨大能源需求，以及我国经济处于发展期和能源消耗高峰期的现状，决定了我国仍将长期将煤炭作为一次能源消费的主导能源（见图2-3）。

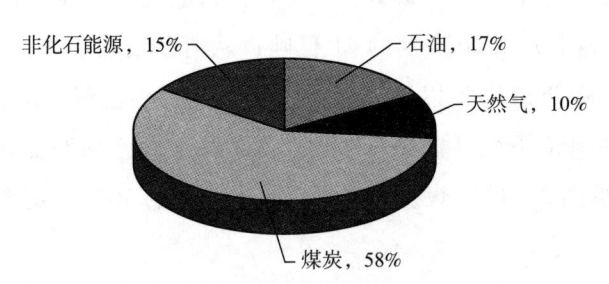

图2-3 2020年我国一次能源消费结构展望

"十三五"及今后较长一个时期，是我国推动能源革命和煤炭行业改革与转型升级发展的关键时期。以智能化、信息化、大数据、绿色化为特征的新一轮工业革命正在兴起，能源结构调整步伐加快，矿区安全生产、生态环境约束不断强化，机遇与挑战并存。在此进程中，煤炭行业要坚持以推动煤炭供给侧结构性改革为主线，围绕理念创新、模式转变、动力转换，深入研究煤炭行业改革发展的重点、难点问题，探索思路、方法和途径，推进煤炭安全绿色智能化开采和清洁高效低碳集约化利用，促进煤炭行业发展模式由生产型向生产服务型转变，实现煤炭由传统能源向清洁能源转型发展。我国煤炭行业现状主要概括为以下几点：

一是煤炭作为我国一次能源的主体，在保障国家能源安全稳定供应中的作用不可替代。我国煤炭资源的可靠性、价格的低廉性、利用的洁净性，决定了我国"煤为基础，多元发展"的能源战略方针不会改变。从国家能源安全发展战略出发，在今后较长时期内，致力于做好我国煤炭这篇文章，发挥主体能源的作用，既是我国富煤缺油少气的能源资源赋存决定的，也是我国经济社会发展最现实、最经济的选择，煤炭作为我国主体能源的地位和作用难以改变。

二是煤炭清洁高效利用与新能源、可再生能源协同发展，既符合我国国情，也具有较大的发展空间。煤炭作为我国的主要能源，在发展新能源和可再生能源的同时，更要高度重视和推动煤炭清洁高效利用技术和产业化发展；在长远发展战略定位上，要坚持以新能源和可再生能源为发展方向，不断提高消费比重；在近期或中期发展战略定位上，要坚持以煤炭清洁高效集约化利用为发展重点，推动燃煤超低排放、高效煤粉型工业锅炉、低阶煤分级分质利用等成熟技术产业化发展，促进煤炭等化石能源与新能源、可再生能源在发展战略上有效衔接，在发展途径上相互耦合，在发展进程中相互促进，推动煤炭等传统能源向清洁能源转型发展。

三是深入开展我国煤炭资源开发布局、消费格局、储运与区域保障研究，提高全国煤炭供应保障能力。近年来，我国煤炭生产供应格局逐渐发生了变化，原部分煤炭调出省转为调入省，全国煤炭供应保障压力增大。特别是东北、中南、华东、西南等地区，淘汰落后产能比重较大，煤炭生产越来越向晋陕蒙等少数省区集中，这又加重了全国煤炭供应保障的难度。要从我国煤炭资源条件、开发布局、生产与消费结构的变化入手，科学规划煤炭开发布局，适应煤炭消费格局变化，加强煤炭运输通道建设，提高全国煤炭供应和区域应急保障能力。

四是把握新一轮技术革命的战略机遇，深入实施创新发展战略，坚定不移淘汰落后产能，提升煤炭行业信息化、智能化、绿色化发展水平。经过多年的发展，信息技术与煤矿装备制造、安全、经营、管理、金融、物流融合步伐加快，形成了具有煤炭行业特色的信息化发展模式。成功研制综采工作面智能生产控制系统，建成了神东、黄陵矿区智能化开采矿井群，为煤炭抢抓新一轮工业革命机遇创造了有利条件。煤炭行业必须主动应对新一轮工业革命的挑战，把握发展机遇，推动煤炭开采智能化、煤炭利用清洁化、企业管理信息化、发展模式绿色化，以智能化开采为切入点，以"知识性＋技能型"人才培养为突破口，以大数据化、信息化为支撑，形成推动煤炭工业科学发展的新动力，促进煤炭行业发展模式由生产型向生产服务型转变，实现煤炭由传统能源向清洁能源转变。

五是把握"一带一路"倡议发展机遇，加强国际交流合作，提升我国煤炭工业的国际竞争力。要统筹国际国内两种资源、两个市场，加强"一带一路"沿线国家煤炭法律法规、煤炭产业政策、国际贸易政策和文化风俗研究，加强与国际能源组织的对话与交流，开展国际煤炭产能合作，发挥我国煤炭安全高效智能化开采与清洁高效利用技术优势，提升设计、咨询、生产和服务水平，培育有国际影响力的品牌产品，培育形成国际合作和竞争新优势。

2.1.2 我国煤炭物流的发展现状

我国煤炭资源保有量晋陕蒙占64%，新甘宁青占14%，云贵川渝占9%，蒙东（东北）、京津冀、华东、中南等地区仅占13%。而消费主要集中在东部和南部地区，其中环渤海经济圈、长三角和珠三角地区消费的煤炭分别占了全国消费量的32%、23%和10%。资源分布与消费空间上的错位，决定了西煤东调、北煤南运的全国大流通格局以及"长距离、大规模、多结点"的物流特征将长期存在，从而客观要求建立畅通高效、经济合理、应变能力强的煤炭现代物流网络体系。

我国煤炭行业上游生产企业与下游的电力、冶金等工业企业分布较为分散，流通距离长，环节众多，加之铁路港口等部门管理体制改革滞后，运力垄断、短缺，导致煤炭物流行业企业分布散乱、竞争无序，主要表现在三个方面：一是铁路运力紧张制约煤炭供应，而"倒卖车皮计划"等不良现象更加剧了运力的紧张和煤价的上扬；二是煤炭经营单位过多过滥，中间流通环节不规范，加大了交易成本；三是煤炭质量优劣混杂，市场无序竞争，也在一定程度上影响了煤炭物流市场的顺利发展。

我国的大型煤炭生产企业一般都自营物流业务，其运营模式大致可分为三类：一是仍然从事单纯的煤炭贸易，买入卖出赚取贸易差价，由客户自己负责煤炭运输、中转、仓储和加工等中间环节；二是在进行煤炭贸易的同时，提供煤炭运输服务和配煤等加工服务，但主要盈利点仍然是煤炭贸易，服务水平较低；三是少数领先的煤炭物流公司，经由煤炭贸易转型为煤炭流通服务商，在从事流通贸易的同时提供专业化的煤炭加工和数字化配煤等服务，并以准确、高效、全过程的煤炭供应链服务作为企业创新的主要基点。在煤炭运输距离长、铁路运营垄断而运力紧缺、有时还需要多种运输方式联运的情况下，煤炭贸易往往需要以运力为基础。我国煤炭企业所属物流公司大多属于第二类运营模式。

随着近年来煤价的不断攀升，煤炭流通环节利润空间增大，大量煤炭流通企业迅速出现，但资质良莠不齐。一方面，有少数第三方物流企业通过创新供应链模式，运用供应链管理、信息技术和电子商务，优化煤炭供应链各环节的专业服务能力，对上下游企业进行物流一体化整合，为客户提供集约、高效、环保的煤炭供应链管理服务。另一方面，数量众多的小企业业务重心仅集中在煤炭贸易和落实铁路计划层面，主要通过传统的煤炭贸易价差来获取利润；业务经营和管理粗放，技术简单落后，造成整个流通环节信息滞后、浪费严重、煤炭流通效率低下，并给环境带来严重污染。

我国煤炭行业主要存在五个主要问题。

一是缺乏现代物流管理理念。我国大多数煤炭企业将竞争的焦点主要放在生产领域的资源扩张、降低成本及提高劳动生产率上，普遍缺乏现代物流是"第三利润源"的理念，因此往往把非生产领域的煤炭物流活动置于附属地位，将采购、仓储、运输、装卸搬运、包装、配送、售后服务等物流活动分散在不同部门，没有纳入到煤炭物流统一运作与管理的框架内，因此尽管在物流方面的投入较大，但实际效果并不尽如人意。

二是物流管理方式粗放，物流费用居高不下。目前，我国煤炭物流配送体系总体上仍处于粗放型发展阶段。煤炭企业物流配送的一个重要特点是临时计划多、急用料多，由于物流管理方式粗放，诸如对配送资源的整合力度不够、路线规划不尽科学、车辆配载不够合理、配送车辆实行台班制管理等,加上煤炭物流市场较为混乱,不仅造成了管理上的漏洞,如多次物流、颠倒物流、重复物流等,还导致了煤炭物流费用居高不下。从价格上分析,山西煤的开采成本每吨不足200元(采掘费用及国家规定的各种税费),而不同地区煤炭的销售价格在600~1500元。很多远距离煤炭用户,往往付出和开采成本相当的煤炭物流成本。

三是煤炭物流技术手段落后。由于技术手段落后以及新老体制的更替,很多煤炭企业供应计划与生产计划、销售计划脱节,可靠性降低;物资采购手段、方法落后,缺乏规范化;库存管理方面仍采用传统的储备资金管理办法,无法及时、准确地反映实际库存动态等;物流技术标准化程度低,各种物流功能、要素之间难以做到有效衔接和协调发展;各种运输方式之间标准不统一,不能互相兼容,严重影响了联运装载率、装卸设备的荷载率、仓储空间利用率,加重了环境污染。

煤炭物流企业技术水平普遍较低,很多企业虽然配备了电脑和网络,但物流信息系统建设滞后或建而不用,在库存管理、流通加工、物流信息服务、物流成本控制、物流方案设计和全程物流服务等高层次的物流服务方面基本还没有展开,无法实现装卸、搬运、换装、承接等物流信息的即时传递与处理。

四是污染和损耗问题比较严重。我国大多数煤炭企业目前仍采用高污染、高损耗、低效率的传统物流运营方式,使煤炭在运输、中转和送配过程中产生严重的环境污染、资源浪费和煤质下降等问题,不仅影响着生产、运输及消费环节企业的经济效益,而且对社会资源和自然环境也产生严重的影响。以煤炭铁路运输为例,煤炭运输列车在高速行驶中产生的气流,不仅会造成煤炭损耗、煤尘飞扬污染沿线周边环境,而且运煤列车与客运列车在运行交会时,气流吹起的煤块还有可能造成旅客损伤事故的发生。具体表现为以下几个方面。

(1)沿途土壤污染问题

在煤炭铁路和公路运输过程中,由于开放式车厢的原因,以及煤炭本身颗粒小、重量轻的特质，在运输过程中货运列车以及汽车由于振动和冲击气流导致粉尘分散，两侧 50 米范围内的铁路沿线均有可能被污染。由于煤粉尘具有酸性，使得运输沿线的土壤资源遭到破坏，沿途的水系也会遭到酸化。导致作物生长的损害，粮食生产下降，农作物会披上一层黑色的外衣，质量也会下降。例如淮北煤炭转运铁路，因为安徽煤炭铁路外运的长期负担，现在已经形成了一个黑色污染带。而我们通过研究发现，由于煤尘颗粒小，而且分散较广，这种污染几乎很难治理。

（2）空气污染问题

散落在大气中的尘埃浮煤，增加了大气中的粉尘含量，这可直接导致空气质量指数下降。从近年来的淮北市空气质量的分析可知，淮北市的好天气占总日数小于 19%，Ⅱ级不良天气占近 11% 的总日数。造成这种情况的主要原因是可吸入颗粒的空气太多，并且排放到大气中的二氧化硫严重超标。这些污染主要由来自矿业的大企业，开采、运输中的扬尘是可吸入颗粒物生成的过程，由煤炭燃烧造成的污染也是造成空气质量恶化的重要原因。

（3）人们身体危害问题

由上文可知煤炭运输过程中，由于车辆颠簸和风力的作用使得煤粉尘分散，因此导致可吸入颗粒大量进入到空气，这使得常住在或者常年工作在煤炭运输沿途的人容易患上呼吸系统疾病，尤其会影响铁路部门工作人员的工作环境，特别是会对在隧道长期工作的人造成健康严重危害。研究表明，由于火车在隧道中速度较快，形成的风力会使得大量煤尘飞散，如果不即时清扫的话，两个月的煤尘累积量就有可能达到 1 米左右。而这些煤尘即使被清扫，由于火车驶过时的破压使得已经落下的煤尘被再次扬起，隧道中的颗粒物几乎悬混，能见度极低，这对在隧道环境中工作的人是很危险的，对隧道中相遇的车也会造成一定的损害。尤其在安徽省北部地区，淮北段各铁路为例，很多货运与客运列车还没有做到分运，这使得安徽境内的部分客运列车常年遭受煤尘污染。

对于长期居住在煤炭运输线附近或者长期工作在沿线的人来说，因为尘肺引起的煤尘污染是很普遍的。煤粉厚厚的灰尘，粉尘微粒和超细粉，其中大部分属于可吸入颗粒物，尘粒径在上呼吸道阻塞，在一定颗粒范围内，在呼吸系统中或者在肺部混凝，粉尘对肺的积累可以导致肺部疾病。由于尘肺病潜伏期长，早期症状不明显，因此使得这种疾病更严重也更难治。在一般情况下，这种危害与其他事故造成的人员伤亡相比更加严重。

五是煤炭物流企业服务功能单一。目前，我国大多数煤炭物流企业只能提供单项或分段物流服务，物流功能主要停留在运输、铁路计划落实、储存、装卸等传统低层次业务内，相关的加工、配货等增值服务不多，不能形成完整的物流供应链。此外，在信息技术迅猛发展的今天，仍有许多煤炭物流企业采用传统的信息传递和控制方法，无法提供国际盛行的物流监测、订货管理、存货管理等服务，工作效率和服务水平难以适应客户的需要，也很难达到现代物流高效、快捷、准确的要求。

现阶段的煤炭物流配送主要是以送为主，能够实现分货、配货、配载、配装一体化服务的物流企业还很少，流通加工能力普遍较弱。近年来，虽然有一些物流企业具备了一定的加工能力，但流通加工范围还很小，流通加工能力还不足，将流通加工（分选、除矸、配煤、成型、粉碎、制浆、包装）和煤炭物流配送结合起来的实践还很少。

2.1.3 煤炭物流业的发展环境

作为重要的生产性服务业，物流业的发展不仅保证了国民经济发展的物流需要，也直接创造了巨大产出。随着市场需求的增长和政府支持力度的加强，中国的物流业进入了一个快速发展的时期。

（1）社会物流总额持续增长

2010 年我国社会物流总额将达 125 万亿元，比 2005 年增长 1.6 倍，年均增长 21%；社会物流总费用预计为 7 万亿元，比 2005 年增长 1.1 倍，年均增长 15.6%；年单位 GDP 对社会物流需求的系数将达到

1∶3.2，即表示目前我国每单位 GDP 产出需要 3.2 个单位的物流总额来支持。该系数比 2005 年的 1∶2.6 提高了 23%，表明社会经济发展对物流的需求呈加速增长态势；此外，2010 年我国物流业增加值预计为 2.7 万亿元，比 2005 年增长 1.2 倍，年均增长 16.7%；占 GDP 的比重为 7%，占第三产业增加值的比重为 16%，对经济和社会发展的作用进一步增强。这一切都表明，中国的物流业需求越来越大，发展越来越迅猛，规模越来越大。

（2）物流企业资产规模增长较快

《2010 年全国重点企业物流调查报告》共调查 1188 家企业，有效报表 1117 家，报表有效率 94%。报告数据显示，2009 年物流企业资产规模同比增长 17.2%。其中，资产大于 10 亿元的企业占 14.2%，资产在 1 亿元到 10 亿元间的企业占 28.5%，资产在 5000 万元到 1 亿元间的企业占 12.6%，资产小于 5000 万元的企业占 44.7%。与 2008 年相比，资产大于 10 亿元的企业比重同比提高了 1.8 个百分点，小于 5000 万元的企业所占比重同比下降 3.8 个百分点。

（3）物流基础设施投资力度加大

物流基础设施的扩建，为物流业的发展提供了保障。2009 年全国铁路营业里程达到 8.6 万公里，里程长度升至世界第二位。路网密度 89.1 公里/万平方公里，比上年增加 6.1 公里/万平方公里。

（4）物流业发展政策环境明显好转

国家"十一五"规划纲要明确提出"大力发展现代物流业"，中央和地方政府相继建立了推进现代物流业发展的综合协调机制，出台了支持现代物流业发展的规划和政策。2010 年国务院颁布实施了《物流业调整和振兴规划》，有力地改善了物流业发展的政策环境。

（5）煤炭物流需求持续上涨

煤炭属大宗生产资料商品，煤炭被开采出来后绝大部分都要以原煤的形式依靠铁路、公路、海运以及内河水运等多种运输方式的联运才能从生产地向消费地转移。近年来，煤炭产、运、销较快增长。煤炭产量和消费量的增加以及进出口业务的增长，对煤炭物流的需求更旺盛。

2.1.4 我国煤炭物流配送行业的主要问题

煤炭的消费过程离不开煤炭物流配送。一方面我国煤炭主要商品化产区集中在以山西为中心的北方产区，以山东、两淮为中心的华东产区，以贵州为中心的西南产区以及东北产区和西北产区，而煤炭的消费地大都集中在经济较为发达的东部沿海和南方地区，除了东北产区的煤炭自给自足外，其他产区的煤炭都要进行外运；另一方面进行煤炭生产所需的原材料、零部件、燃料等辅助材料的供应量十分巨大，几乎任何一个煤炭集团企业每年的物资采购都要超过亿元，甚至几十亿元。据统计仅我国煤炭的运输就占全国铁路和水路年货运总量的40%左右，因此煤炭物流在我国流通领域中已占据重要位置。

煤炭物流系统主要包括供应物流、生产物流和销售物流。其重点是煤炭产品在煤炭企业和用户之间的实体流动，即煤炭销售物流。销售物流是由煤炭的外部运输和煤炭利用两个重要的部分组成。在市场经济条件下，应该着力改变对传统的外部运输方式以及路线的思路，加大对建立区域性煤炭物流配送中心的重视。建立区域性煤炭配送中心，一方面可以转移煤炭企业用于销售、运输的精力到煤炭生产上来，提高产品质量，降低生产成本；另一方面可以改变从煤炭企业——用户的传统运输方式，实现煤炭企业——配送中心——用户的科学运输方式的转变；再一方面就是使用户的需求可以更加快捷、更加便利地得到响应，体现了物流以服务为中心的宗旨。

目前，我国煤炭企业对配送物流的研究和关注较少，煤炭物流配送系统尚未完全建立。随着市场经济的进一步发展，特别是物流理论和电子商务的普遍应用，传统的物流配送运作模式的弊端日益显现，具体表现在以下几个方面。

(1) 流通成本高

煤炭供应的安全性和及时性，是煤炭用户最为关心的问题，煤炭的产销衔接是煤矿的关心问题，产销各有自己的网络，且相互之间的链接不紧密，双方都需要投入大量的人力和财力，这样就加大了煤炭配送行业的流通成本。

(2) 资金占用量大

因煤炭运输多有公路、铁路、港口和航运企业按区段承担，企业衔接过程中易出现问题。又因煤质等方面的问题，煤炭客户和企业之间难以调节一时之余缺，煤炭客户将增加各自的煤炭储存量，这就大大占用了企业的流动资金，影响企业在配送领域的发展。

(3) 配送系统不健全

在我国，煤炭企业大部分都采用自营物流的经营模式，专业做第三方煤炭配送的企业很少，配送市场发展不健全，煤炭企业的体制结构不合理。

在我国能源产业中，煤炭行业集中度低，石油行业由四大公司主导，电力行业以五大公司为主。中国石油企业物流体系在一些方面已经占据市场主导地位，如油品营销网络、管道系统、油品输运车队及相关设施等，我国石油企业物流至少在中国市场上拥有相当大的优势。而目前作为国家大力扶持的煤炭企业、煤炭运输体系改革较晚、市场化程度较低，理想的寡头格局还未完全形成，市场体系还不够成熟、规范，客观上增加了提升物流水平的难度。

据了解，山西每年通过铁路、公路运输出省的煤炭量可达 5 亿吨左右。据业内人士向记者透露，"随着煤炭产业进入深度整合，山西省煤炭物流业的潜力巨大，但仍面临物流服务体系刚刚起步、物流节点资源掌控不力等诸多挑战。"业内有一种说法是，煤炭供需紧张的罪魁祸首主要是由于过去煤炭市场的零散和混乱所致。比如，一组数据显示，2008 年在山西铁路部门立户从事煤炭铁路发运的经营户就有几千家，从事公路煤炭销售的个体运输户有 50 多万户。这些个体经营户、运输户逐渐成为山西煤炭销售的主力军，不利于统一和集约化发展。但是若煤炭整合后提高集中度，可以缓解供需紧张状况，达到市场平衡。

所以，煤炭企业除了整合产权和资源外，还需要从供应链层面上，整合物流资源，积极推动物流社会化和物流一体化发展，从物流环节促进我国煤炭产、供、销等各个环节的有效衔接。

此外，业内还有一种说法是我国煤炭储备不足，没有建立起合理有效的煤炭储备机制，煤炭没有像石油那样被列入国家储备行列。这在一定程度上凸显我国煤炭物流的短板。

因此，中国煤炭物流企业的发展战略方向应该是培育核心能力、发展煤炭特色物流，在成为具有一定市场竞争力的专业化企业物流的基础上，向第三方物流企业转型是大势所趋。

目前，我国的煤炭60%以上依靠铁路运送。尽管我国在铁路运输的生产效率指标上处于领先地位，但在路网规模、技术装备水平、运输服务质量等方面还存在较大差距。由于缺乏及时的沟通交流和明确的统筹规划，缺乏相应的投入与建设。煤炭运输体系存在的主要问题是铁路运输通道建设严重滞后，铁路通道建设没有与煤炭生产基地西移同步。为此，要加强煤炭产销规划与铁路建设、公路建设、港口建设规划的同步性。

随着现代化煤炭大生产格局的逐步形成，众多专家开始呼吁建立与之相适应的现代化大煤炭物流体系。尤其对于新打造的亿吨级煤炭大集团、煤炭航母，发展现代化煤炭物流是关键，但这急需要获得政策上的支持与政府的适当引导。

煤炭的配送技术主要有配送中心内部技术和配送中心外部的运输技术以及与之配套的信息技术。首先，煤炭配送中心内部的技术包括运输设备如矿车、胶带运输机、罐车、汽车、机车、车辆等。装卸设备如给煤机、卸煤机、漏斗等。仓储设备以及洗选设备。其次，由于煤炭属于散装货物、体积大，污染环境等特性以及我国煤炭的分布于消费的地理差距的制约，所以煤炭的配送主要技术在运输方面。煤炭的运输可分为铁路运输、公路运输、水路运输三个主要运输方式。

目前我国铁路煤炭运价为 0.0975~0.12 元/吨公里，按山西出省煤炭 500 公里计算，运价 48.75~60 元/吨，如果换成公路运输，按每吨 1.2 元/吨公里，需要最低 600~800 元/吨，中间的差价足有 550 元左右；如果按照公路的有效半径 300 公里测算，铁路需要 30~40 元左右，而公路需要 300 元左右，如此巨大的差价促使煤炭运输率先采取铁路，铁路的运输价格低廉促使成为煤炭货种最为适宜的运输方式。据了解，华中地区的湖南、湖北、江西三省的每年需要通过铁路运送的煤炭就达 6000 万吨。虽然铁路运输占据煤炭运输的大部分长距离的运输，但公路运输有机动灵活的特点，对煤炭运输也很重要。

主要的煤炭生产基地和煤炭中转港腹地，一直有部分中、短距离的公路直达运输或公路集港运输。跨地区公路煤炭运输主要集结在山西、内蒙古等地区。大规模的长距离煤炭运输并不是公路运输方式的优势所在，然而近几年来，随着经济发展对煤炭需求日趋增加。然而对于水运（内河运输），运量大，成本低，内河煤炭运输分布较广、运输距离较长，主要集中在长江水系、淮河水系、京杭水系、珠江水系、黑龙江和松花江。长江水系、淮河水系、京杭运河煤炭运输主要由四部分组成：一是由长江干线"三口一枝"（浦口、裕溪口、汉口和枝城），铁水转运港以及主要支流煤炭产地运往长江中下游沿线以及长江三角洲水网地区；二是长江干线海进江煤炭运输；三是山东、河南、安徽等地煤炭通过京杭运河、淮河水系主要航道运往长江三角洲地区；四是上海港经长江三角洲水网为浙江北部地区转运的海运煤炭。珠江水系煤炭运输主要为贵州等省经珠江水系上游主要航道逐步向东运往珠江三角洲地区，广州港经珠江三角洲水网的海进江煤炭。黑龙江、松花江煤炭运输主要由沙河子、佳木斯及黑河等地运往哈尔滨、同江等城市。

目前，大型的煤炭企业已经开始关注配送管理信息系统，通过计算机实现路径规划，最优库存控制，物流成本控制。配送的即时信息强调以同步化、集成化的计划为指导。特别是利用计算机技术，信息技术以及网络技术等实现对数据的收集，加工和应用。例如，煤炭配送的信息化充分利用 RFID，GPS，GIS 技术，对运输工具的跟踪和调度。另外，实现信息配送信息化的关键一步，是建立煤炭配送中心的信息化平台。加快企业间的信息沟通和传递，实现企业间的高效协同。信息化平台将为企业的战略决策和管理决策，业务决策提供及时、准确、全面的信息化支持。提升中国煤炭物流企业整体竞争力，实现物流、资金流、数据流和信息流的统一。

总的来说，煤炭配送行业的发展面临如下的"瓶颈"。

（1）煤炭配送成本高

以山西为例。山西焦炭的出口主要以铁路为主，目前铁路运力已趋于饱和，铁路运输无法满足需求，而增量部分需采用公路等其他运输方式。由于限制超载、过路费、燃油价格上涨以及煤炭自身污染环境等因素造成的成本增加造成了煤炭运输的成本上升。

（2）配送企业的信息化程度较低

目前煤炭配送企业之间信息独立、分散，没有有效的信息分享网络，建立统一的信息共享有效平台，以实现资源的优化配置。

（3）煤炭配送企业体制结构不合理

机制不健全、不灵活、大锅饭现象比较严重。配送及运输部门的积极性、效益、速度明显不如社会上的流通运输单位。提送一次货物的周期长、费用高、效率低。

（4）地区化差距

距煤炭的生产地和消费地存在严重的差距，且由于铁路等基础设施的有限，限制了煤炭配送的效率提高与成本的节约，从而成为其发展的"瓶颈"之一。

（5）煤炭企业服务意识不强

物流理念及认识落后，对物流重视不够，各级单位领导往往是重生产、轻管理，对现代物流在新经济时代中企业生产运营的支撑作用和第三利润源泉的潜在能力缺乏应有的认识，墨守成规，缺乏物流配送的创新精神。

（6）物流配送行业专业技术人才少

作为煤炭企业管理及配送人员，既要有思想素质高、责任心强，又必须同时懂得财务管理、煤炭生产、设备性能、材料质量、技术要求及综合信息技术管理知识。

2.1.5 煤炭物流的发展趋势

"十三五"期间，我国煤炭物流行业将按照加快转变发展方式、建设生态文明的要求，适应信息技术发展的新趋势，以提高物流效率、降低物流成本、减轻资源和环境压力为重点，以市场为导向，以改革为动力，以技术为支撑，积极创造有利于现代煤炭物流发展的政策环境，着力建立和完善煤炭物流服务体系，加快提升物流业发展水平，推动煤炭产业结构调整和经济提质增效升级，增强国民经济竞争力，为全面建成小康社会提供物流服务保障。

一是煤炭物流需求有望增加。随着国民经济的快速发展，新型工业化要求加快建立规模化、现代化的煤炭物流服务体系。居民消费升级以及新型城镇化步伐加快，迫切需要建立更加高效、便捷、完善、安全的煤炭物流配送体系，随着能源需求的不断增多，煤炭物流需求有望继续增长。由于我国煤炭资源赋存的差异性明显，煤炭资源主要分布在我国北方及中西部地区，加上中东部地区煤炭资源的长期开采，随着煤炭工业的发展，经济发达地区的煤炭资源将逐步消耗殆尽，可采资源不断减少，生产能力不断下降，煤炭产量不断下降，产煤区主要向西部经济欠达地区转移，西煤东运的运输距离将会加长，煤炭物流需求将不断增长，运输方式将会不断多样化，煤炭物流运输将会增加，煤炭物流产值在物流总产值中所占的份额有可能保持稳定或略有增加。

二是煤炭物流运输将更加便捷。新的物流运输工具不断增加、先进的物流技术得到广泛推广，煤炭物流一体化运作、大吨位运输、网络化经营能力进一步提高，物流企业竞争力显著增强，信息化和供应链管理水平明显提升，形成一批具有国际竞争力的大型综合物流企业集团和物流服务品牌。煤炭物流园区的布局将更加合理，运输方式将不断多样化，公路、铁路、水路联运、科学配送运输工具、甩挂运输等现代物流运作方式将得到迅速发展，煤炭物流集约化运输经营的效益进一步显现。

三是煤炭物流通道建设将进一步完善。从煤炭物流运输的情况来看，目前我国公路、水上运输煤炭能力已能够满足需要，可是，我国西部大部分地区的煤炭物流仍受铁路运输制约。我国将大力加强煤炭运输通道建设，多年来我国煤炭物流基础设施建设滞后，影响煤炭产品外运的"瓶颈"将逐步消失，我国重点煤炭生产基地的煤炭物流通道和物流集散中心建设将得到加强。我国的重点煤炭生产地区处于三西地区的晋北、陕北、内蒙古西部交界地区、宁夏甘肃、内蒙古东部、新疆等重点煤炭生产基地的铁路外运通道建设将得到加强，极大地提高西部地区的煤炭运输能力。国家将推进煤电大基地大通道建设。通过加强煤炭铁路运输通道建设，建设好三西地区、蒙东、云贵、新疆煤炭外运通道、沿海地区煤炭水运转运通道、北部及沿海口岸的煤炭进出口通道，重点建设蒙西至华中地区的重载煤运铁路通道，不断完善北煤南运、西煤东运煤炭物流通道。我国将完善铁路直达和铁水联运物流通道网络，增强煤炭运输能力，减少公路长距离调运煤炭的比例。随着煤炭生产大基地建设，我国将结合区域经济发展规划，完善煤炭运输通道，建设一批煤炭物流节点，形成"九纵六横"的煤炭物流网络，煤炭物流将更加便捷，基本上消除制约煤炭物流的铁路运输"瓶颈"，满足煤炭行业发展对铁路物流运力的需要。通过加强铁路煤炭运输通道建设，到2020年全国将基本消除铁路运输"瓶颈"，煤炭铁路运输能力达到30亿吨，重点建设11个大型煤炭储配基地和30个年流通规模2000万吨级物流园区，从根本上满足煤炭经济发展的需要。

四是煤炭物流成本将有所下降。煤炭物流伴随全面深化改革，工业化、信息化、新型城镇化和农业现代化进程持续推进，新技术、新管理不断出现，信息技术和供应链管理不断发展并在物流业得到广泛运用，为广大生产流通企业提供了越来越低成本、高效率、多样化、精益化的物流服务，推动煤炭物流业务专业化。以新技术、新管理为核心的现代物流体系日益形成。随着城乡居民消费能力的增强和消费方式的逐步转变，全社会物流服务能力和效率持续提升，物流成本进一步降低、流通效率明显提高，物流业市场竞争加剧。

煤炭物流国际竞争日趋激烈，推动物流成本下降。随着国际产业转移步伐不断加快和服务贸易快速发展，煤炭产品全球采购、全球生产和全球销售的物流发展模式正在日益形成，迫切要求我国形成一批深入参与国际分工、具有国际竞争力的跨国物流企业，畅通与主要贸易伙伴、周边国家便捷高效的国际物流大通道，形成具有全球影响力的国际物流中心，以应对日益激烈的全球物流企业竞争。

五是煤炭绿色物流将得到发展。为了保护生态环境，国家将控制煤炭消费总量，制定国家煤炭消费总量中长期控制目标，实施煤炭消费减量替代，降低煤炭消费比重。国家将加快清洁能源供应，控制重点地区、重点领域煤炭消费总量，推进减量替代，压减煤炭消费，到2020年，全国煤炭消费比重降至62%以内。

六是煤炭市场交易更加方便。随着运输通道的完善，公路、铁路、水运能力的过剩，由于运输造成的交易障碍将逐步消失，煤炭交易将更加便捷。按照规划，我国将进一步完善煤炭市场体系，建设一批煤炭交易市场，煤炭交易将更加方便，更加便捷。将通过进一步深化煤炭产运需衔接制度改革，建立一个以全国性煤炭交易中心为主体，以区域性煤炭交易市场为补充，以信息技术为平台，政府宏观调控有效、市场主体自由交易的煤炭交易市场体系。在煤炭主要生产地或集散地，以煤炭交易、信息服务、价格发现、金融服务为重点，建设全国及区域性的煤炭交易中心，建设区域性的煤炭交易市场，以满足煤炭物流的需要，降低煤炭流通成本，优化煤炭资源配置。

七是煤炭物流竞争有所加剧。随着市场经济体制的日趋完善，国家及行业对煤炭物流的公路、铁路通道的垄断格局有望有所打破，竞争将进一步加剧。通过加快物流通道建设，铁路运输、公路运输、水上运输能力将进一步加大，铁路运力的"瓶颈"将会消除，局部地区乃至较大部分地区的铁路运力将会有所富余，煤炭运输能力将逐步出现局部地区的过剩格局，势必出现公路和铁路之间、公路和水运之间、铁路和水运之间、地方铁路和国家铁路之间的竞争局面，随着同一运输方式及不同运输方式之间竞争的加剧，铁路运输垄断格局的不断弱化，我国煤炭物流居高不下的局面将会有所缓解，煤炭铁路物流价格只涨不降的格局或有所松动，甚至会出现价格下滑的情况，这无疑将推动我国物流产业的快速发展。随着国际煤炭产业转移步伐不断加快和服务贸易快速发展，国际竞争日趋激烈，我国将培育一批大型现代煤炭物流企业，煤炭物流将走出国门、走向世界，日益形成在全球范围内采购、生产和销售的煤炭物流发展模式，我国将培育一批大型现代煤炭物流企业，形成一批深入参与国际分工、具有国际竞争力的跨国物流企业，以参与国际竞争，加强与主要贸易伙伴、周边国家便捷高效的国际物流合作，形成具有全球影响力的国际物流中心，以应对日益激烈的全球物流企业竞争。

2.2 煤炭物流运输网络

2.2.1 物流网络的概念与相关理论

国家标准《物流术语》[136]将物流网络定义为："物流过程中相互联系的组织与设施的集合"。这是对物流网络的概括性定义，缺少对物流网络内涵的完整解释。文献[137]则指出："线路和节点相互关系、相互配置以及其结构、组成、联系方式不同,形成了不同的物流网络",显然,这是根据节点和线路这两个物流网络的基本因素来解释物流网络的内涵。

总的来看,物流网络的概念可以从不同的角度进行解释,但从网络的角度来看,物流网络就是由物流节点和物流线路以及它们之间的相互联系、相互作用所构成的网络系统。文献[8]认为:"物流网络是由各级物流节点、关联线路以及相关经济环境构成的相互联系、相互作用的系统结构形式"。物流节点是指物流网络中连接线路的节点,一般代表商品生产地、物流中心、配送中心或销售点,是一种网络基础设施。物流网络的关联线路是指由交通、运输通道构成的运输设施,代表商品在不同地点之间实现流通的方式或途径。环境是指物流构成要素所涉及的政策导向、市场形势、经济特征等[7,8,138]。在物流网络系统中,所有的物流活动都是在物流节点和关联线路上进行的。因此,物流网络系统运行水平高低、服务功能强弱直接取决于物流节点与关联线路这两个基本要素及其配置情况。

物流网络是一个集成性的网络结构系统,研究涵盖了系统论、集成论、设施规划理论、供应链管理理论和区域经济理论等多种经典理论。

1)系统论

系统论把研究对象看成是一个整体,系统作为一个单位,研究这个单位的结构、功能和系统内部因素之间的逻辑关系和其内部运行规律,并以系统观点来看待问题,任何事物都可以看作是一个系统。系统论运用完整性、集中性、等级结构、终极性、逻辑同构等概念,研究适用于一切综合系统或子系统的模式、原则和规律,并力图对其结构和功能进行数学描述。系统强调整体与局部、局部与局部、整体与外部环境之间的有机联系,具有整体性、动态性和目的性三大基本特征。作为一种指导思想,系统论要求把事物当作一个整体或系统来考察。煤炭物流运输网络就是一个系统,在研究的过程中可以系统论为研究的基础,考虑整个网络的每一个子因素,子因素与子因素之间的关系,子因素与总体之间的关系。

2）设施规划理论

设施规划理论是对人员、物流、设备进行资源优化配置，进行相关规划的过程，在满足需求的同时，获得经济、效率和安全的操作，进而对整个组织功能产生积极的影响和更高的效益。煤炭物流网络节点在优化过程中要考虑设施的位置、功能及相互之间的衔接，规划要有科学的理论依据，不能盲目地布置，造成资源的重复浪费。

3）供应链管理理论

供应链管理是在满足客户的条件下，追求整个供应链的效率和系统成本的合理性，把整个供应链参与者从供应商、生产商、运输商、配送中心和用户作为一个有机结合的整体，以供应链总成本最低作为目标。供应链管理理论贯穿了整个煤炭物流网络，需要结合供应链的特点，综合采用各种物流手段，实现煤炭在物流网络的有效移动，既保障供应链运行所需的物资需要，又保障整个物流网络的总物流费用最低，整体效益最高。这里的效益是煤炭物流网络的整体效益，有的个体效益会降低，有的个体效益会提高，由于煤炭物流网络是一个系统，所以要以系统的观点来处理问题，追求的是整体效益。

4）区域经济理论

区域经济理论主要是研究一定区域的生产资源进行优化组合与配置，以获得最大产出的理论。一定区域的资源是有限的，对有限的资源进行优化组合，可以获得相对最多的产出。区域经济理论主要包括平衡发展理论、不平衡发展理论、区域分工贸易理论、梯度转移理论、增长极理论、点轴开发理论、网络开发理论、累积因果理论、中心—外围理论、边界区位理论、一般区位理论、中心地理论和市场区位理论等。本书主要是参考了廖什的市场区位理论，廖什认为每一单个企业产品销售范围，最初是以产地为圆心，最大销售距离为半径的圆形，而产品价格又是需求量的递减函数，所以单个企业的产品总销售额是需求曲线在销售圆区旋转形成的圆锥体。随着更多工厂的介入，每个企业都有自己的销售范围，由此形成了圆外空挡，即圆外有很多潜在的消费者不能得到市场的供给，但是这种圆形市场仅仅是短期的，因为通过自由竞争，每个企业都想扩大自己的市场范围，因此圆与圆之间的空当被新的竞争者所占领，圆形市场被挤压，最后形成了六边形的市场网络。

5）运筹学理论

运筹学的基础是最优化理论与方法，通过建立优化模型，通过数学算法，去寻找复杂问题的近似解，用定量化方法了解和解释运行系统、为管理决策提供科学依据的学科。它把有关的运行系统首先归结成数学模型，然后用数学方法进行定量分析和比较，求得合理运用人力、物力和财力的系统运行最优方案，是系统工程学和现代管理科学中的一种基础理论和不可缺少的方法、手段和工具。本书是对物流网络的评估与优化，由于物流网络受多种因素的影响，所以要综合地权衡这些影响因素，那么就运用了运筹学的数学模型。

2.2.2 煤炭物流的内涵与特性

从广义上讲，煤炭物流包括煤炭企业原材料的采购、原煤开采、洗选加工、储存、运输、销售以及废弃物的回收利用等诸多环节。从狭义上讲，煤炭物流是指以原煤开采为起点，经过加工、运输、中转、储存、销售等程序和环节，最后交付终端用户消费而终止的流通过程，该定义描述了煤炭商品在煤炭企业和用户之间的实体流动[8, 139]。

2.2.2.1 煤炭物流的内容

（1）煤炭生产物流

煤炭生产物流就是指煤炭自工作面落地直到运输外运的整个过程。由于开采方式（包括地下开采和露天开采）的不同，煤炭生产物流也有很大差异。但概括起来，煤炭生产物流包括煤炭的开采、储存、装卸、洗选等作业环节。

（2）煤炭销售物流

煤炭销售物流是指煤炭产品在煤炭企业和用户之间的实体流动。它由煤炭的外部运输和煤炭利用两个重要部分组成。外部运输主要包括运输方式及运输路线的选择；煤炭利用主要包括煤炭燃烧利用率和煤炭的深加工（如煤的汽化、液化等）等方面。

（3）煤炭回收物流

煤炭回收物流包括煤炭生产过程中产生的废弃物资的回收、煤炭开采过程中边角煤等的回采以及煤炭运输过程中遗落煤炭的回收。废弃物资的产生主要来自两个环节：其一，采煤和洗煤过程中产生的废水（包括矿井水、洗煤水）、煤矸石等；其二，煤炭利用产生的粉煤灰和煤渣等。

煤炭物流除了具有一般商品物流的特性外，因其运输产品的特殊性还具有自身的特性，主要包括大宗货物运输、多种运输方式结合、物流节点多、物流线路长、流向（线路）固定（西煤东运，北煤南运）等特性。煤炭产品属于大宗货物，在一段时间内，动辄几万吨、几十万吨、上百万吨的运输量都非常普遍；在运输过程中，公路运输、铁路运输、水路运输等多种运输方式相结合。另外，由于物流线路长（多达上千公里的里程），需要的中转次数也相应增加。这些特性都决定了煤炭物流运输网络组织结构的复杂性。

2.2.2.2 煤炭运输方式的特点

现代煤炭交通运输按照交通工具的不同，主要有三种方式，分别为铁路、公路和水路，三种运输方式的特点见表2-1：

表2-1　　　　　　　　煤炭物流运输方式比较

运输方式	优点	缺点
铁路运输	最重要运输方式之一，运量大，速度快，运费较低，受自然因素影响小，连续性好	铁路造价高，消耗金属材料多，占地面积广，短途运输成本高
公路运输	发展最快、应用最广、地位日趋重要的运输方式。机动灵活，周转速度快，装卸方便，对各种自然条件适应性强	运量小，耗能多，成本高，运费较贵
水路运输	运用时间最长的运输方式，运量大，投资少，成本低	速度慢，灵活性和连续性差，受航道水文状况和气象等自然影响大

从表 2-1 中可以看出三种不同运输方式的优缺点，从成本上来看水路运输的成本最低，但是时间也是最长的，加上地域的限制，只能在沿海和内河区域开展运输；铁路运输成本也较低，运输时间也是最短的，稳定性也最好，但是其经济运输里程是长途运输，且路线比较固定，没有铁路线路的地方无法运到；公路运输以其机动灵活性，成为目前发展最快的运输方式，加上现代化运输工具的不断改进，其经济里程不断变长，适应了不同的运输环境。目前国内的煤炭生产基地主要是在中西部地区，缺少水路运输，通常以铁路和公路为主。由于铁路运输路线的相对固定，在运输过程一般提前确定好路线，无法随时更改，物流网络相对比较稳定，而公路运输的灵活多变性决定了物流网络的动态复杂性，不同的节点和路线的结合产生了不同的物流网络，不同的物流网络具有不同的运行成本和运行时间。

2.2.2.3 煤炭物流的特征

（1）物流节点多

煤炭物流网络的过程中包括不同种类的物流节点，煤炭由生产到加工再到销售的过程中需要在不同的地方进行停顿。在煤炭生产环节、加工环节、销售环节到最终的消费者手中，煤炭在不同的节点间进行流动，每一个环节都包含不同的输入、输出节点。煤炭物流过程的复杂性决定了物流网络节点的繁多。

（2）管控难度大

煤炭物流网络的节点多，运输线路长决定了整个物流网络在不同的时间、不同的地点有可能出现不同问题，任何一个问题的出现就可能导致物流网络的中断，这些问题将导致物流网络管控难度加大。

（3）易受气候因素的影响

运输网络受气候、季节的影响较大。夏天易受雨水的影响，导致公路网络路况较差；冬天受雾的影响，导致运输视线受阻，这些情况都会导致公路煤炭物流网络的效率变低。

（4）运输时间不确定性

物流网络由于节点多、易受气候因素的影响以及管控难度大，在运输的过程中，难以保证时效性，因此存在很大的不确定性。

2.2.2.4 煤炭物流的主要研究内容

（1）供应物流

煤炭企业供应物流是指为煤炭生产提供原材料、零部件或其他物资时，物资在提供者和需求者之间的实体流动。其过程主要包括生产物资的采购、进货运输、仓储、库存管理、用料管理和供应管理等作业环节。煤炭企业供应物流是生产物流系统中相对独立性较强的子系统，并且和生产系统、财务系统等生产企业各部门以及企业外部的资源市场、运输部门有密切的联系。煤炭企业所从事的活动主要集中在开采地下的煤炭资源。由于生产规模庞大、工作条件恶劣及各矿井位置分布不合理等情况使其供应物流系统变得十分庞大和复杂，导致其难于控制和管理，也因此致使物流费用大量增加，这是煤炭企业生产成本居高不下的主要原因之一。

（2）销售物流

煤炭销售物流是指煤炭产品在煤炭企业和用户之间的实体流动。它由煤炭的外部运输和煤炭利用两个重要的部分组成。对于外部运输而言，传统的煤炭外部运输方式及对运输路线的规划方法已经不能适应现代运输的需求，对于现代煤炭运输而言其重要转变则是由广泛的煤炭物流转换为区域性煤炭物流。因此目前应加大对建立区域性煤炭物流配送中心的研究。对于煤炭利用的研究，目前主要存在问题则是煤炭的利用效率以及在其利用过程中的污染问题。

（3）回收、废弃物流

煤炭的回收物流其主要回收物包括下三种：第一种为煤炭生产过程中产生的废旧物资；第二种为煤炭开采过程中产生的边煤；第三种为煤炭内外部运输过程中遗落的煤炭。煤炭的废弃物流主要表现在以下两个方面：一是煤炭开采时排放的煤层气、煤矸石等；二是煤炭利用过程中所产生的粉煤灰和煤渣等。因此对煤炭回收物流和废弃物流的研究，主要集中在加强对回收物流的管理和废弃物流的综合利用技术的研发。

(4) 物流信息系统

煤炭物流信息系统应该包括供应库存、配送、煤炭仓储、运输、销售等主要功能模块以及基础数据维护、综合信息查询、财务管理以及系统维护等辅助功能模块，实现物流、资金流、数据流和信息流的统一。与其他系统信息相比，煤炭物流系统由于其物流对象的不同，因此其系统信息具有一定的特殊性。首先，由于煤炭物流是一个大范围的活动，因此导致其具有信息源点多、信息量大等特点；其次，由于煤炭物流是一个不断变化的动态过程，因此其信息动态性强，信息的价值衰减的很快；最后，煤炭物流信息种类很多，在系统中流通的信息不仅与煤炭物流系统本身有关，而且和其他系统也密切相关。正因如此，煤炭物流信息系统必须借助现代科学技术特别是计算机技术、信息技术以及网络技术等实现对信息的收集、加工和应用。

2.2.3 煤炭物流运输网络的结构特征

煤炭物流运输网络是以煤炭产品为对象的物流运输网络、物流组织网络和物流信息网络有机结合而形成的物流服务网络体系的总称。煤炭物流运输网络以物流存储、集散、转运等核心物流节点和公路、铁路、水路等多种运输方式单独或联运等运输方式与运输线路为主导的网络，网络中各个要素的有效衔接与配合，支持和保障煤炭物流运输网络体系有效运行，其核心功能是提供煤炭加工、运输、储存、销售等煤炭物流服务。

在煤炭物流运输网络系统中，可以将网络中的基础设施抽象为节点，将运输线路抽象为边，将煤炭物流运输网络转化为由节点和边构成的网络拓扑结构。煤炭物流运输网络拓扑结构可以用图论来表示，各个物流节点 1, 2, ⋯, n 可以抽象为点集 V 和运输线路可以抽象为边集

E，即连接 V 中两个元素的边的集合，煤炭物流运输网络可以由图 G(V，E)表示，煤炭物流运输网络是有向图，其中每条路径是由其路段串组成的串联系统，连接网络中任意 OD 对间所有有效可达路径为并联系统，且给每条边有相应的权值，如运输距离，运量，运输时间，运输费用等等，所以煤炭物流运输网络是加权网络。煤炭物流运输网络运输线路分析包括煤炭物流运输网络系统的各个节点的协调与配合，以及连接各节点之间的线路的整体化、连通性两个方面，具体从点—点、线—线、点—线、链—链等方面进行研究。

多个煤矿联盟负责煤炭的生产，可看作是煤炭的生产地。煤矿生产的原煤经过洗选处理以后或直接供应给终端消费者（战略大客户，一般客户），或储备到大型集散中心（大型煤场，战略装车点），或运输到转运中心（港口，物流中心，煤场）。大型集散中心的煤炭一部分供应给战略大客户，一部分运输到转运中心或离客户较近的配送中心。转运中心主要负责把煤炭转运到离客户较近的配送中心或根据需要把煤炭直接供应给战略大客户。最后，根据服务的区域范围，配送中心再把煤炭配送给战略大客户或一般客户（见图 2-4）。

物流节点和运输线路是煤炭物流运输网络的基本构成要素，所有的煤炭物流活动都是在物流节点和运输线路上进行。煤炭物流节点就是指处理货物为煤炭的物流节点，集聚多煤种、多品种、同流向的煤炭，通过仓储、筛分、洗选、配煤等加工手段，提高煤炭附加值，达到拓市场、广覆盖、增收益的目的。

2.2.3.1　物流节点分类

（1）集散型节点

此类节点在煤炭物流运输网络中承担集散功能，一般设在矿区的铁路站点及公路干线附近，对煤炭集中运输及其规模经济效应的发挥具有重大作用；

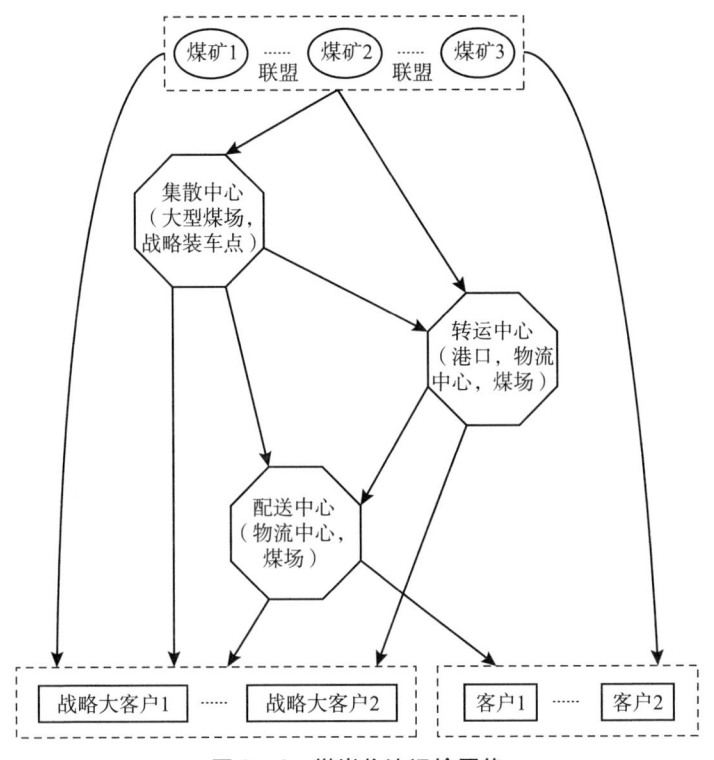

图 2-4 煤炭物流运输网络

(2) 转运型节点

此类节点承担不同运输方式的衔接功能，一般位于交通枢纽，特别是铁海转运和内河转运的港口；

(3) 配送型节点

此类节点以组织煤炭产品快速流转为主要职能，承担终端用户煤炭需求的配送任务，一般位于煤炭消费量较大的区域，有较为完善的信息网络，配送功能也比较健全；

(4) 综合型节点

此类节点一般指大型煤炭转运中心，承担着集煤炭集散，煤炭仓储，煤炭交易以及煤炭转运等各种综合功能。

2.2.3.2 物流节点作用

物流节点是煤炭物流网络的核心环节，节点的功能影响着煤炭物流网络的整体效率。煤炭物流节点主要有以下几个作用。

(1) 集约作用

集约作用主要体现在以下四点：首先，煤炭技术的集约。煤炭库存、加工、流动、和信息系统集中，有利于提高设备的整体综合利用效率；其次，煤炭物流业务的集约。让煤炭的仓储、加工业务机制在一起，可以减少迂回、重复运输，降低物流成本；再次，管理的集中。所有人员集中，可以方便业务的处理，加快各个环节的业务处理进度；最后，煤炭物流用地的集约。通过煤炭物流节点进行集中加工、存储和配送等能够节约煤炭物流场所，避免了分开使用场所的浪费。

(2) 节约作用

煤炭物流节点的节约作用是提高了煤炭的周转速率，大大节约了流动时间，使煤炭从生产商到客户的时间得到节约；可以集中进行节点加工作业，减少了节点间转运的次数，提高了煤炭仓储空间作业利用率，降低了煤炭节点物流成本。

(3) 协调作用

煤炭物流节点的协调作用主要是协调整个物流网络，把环节中的各个节点连接到一起。物流节点是整个煤炭物流网络上的一个环节，如果一旦协调出现问题将大大阻碍物流的效率，良好的节点协调才能更好地保证整个煤炭物流网络顺利运转开来。

(4) 缓解作用

煤炭物流节点的缓解作用主要是降低流通道路上的压力。郊区是煤炭运输过程中的主要节点，这些节点通常都是位于主要交通要道附近，既环保又经济。城市周边地区能够存储足够的煤炭，根据城市用煤的需要，能够及时地把煤炭送到目的地，保障了城市的用煤，对城市能源的消耗起到缓解作用。

2.2.3.3 物流节点价值

1）空间价值

由于煤炭生产和消费的场所通常不在同一地区，从生产的地方运输到使用的地方，会产生空间差，煤炭场所不同，所消耗的物流价值就不同，这其中自然而然就产生了物流空间价值。同样指标的煤炭从陕西榆林到河北井陉煤炭物流节点就可以产生300元/吨的物流空间价值。

（1）生产集中——消费分散的空间价值

煤炭往往以发挥规模经济效益来提高产能和减少生产耗能，经常进行大规模集中生产，但消费地却不在同一个地方，往往很分散。通过调整煤炭物流节点，可以实现煤炭由集中生产地向消费地的流动，解决了煤炭消费地的用煤需求，也实现了煤炭因为位置的转移而产生的价值增值，进而形成了煤炭物流节点的空间价值。

（2）生产分散——消费集中的空间价值

煤炭生产在刚开始的阶段，由于自然条件的限制，存在许多的小型煤矿，这些煤矿生产具有生产量小，场地分散的特点。但煤炭的消费却常常集中在经济较为发达的城市；或者由于煤炭的生产背景，许多煤炭品种生产比较分散，但消费却集中在一个地方。通过煤炭物流节点，实现了生产分散而消费集中之间的煤炭的空间位置移动，解决了煤炭价值转移的难题，进而形成了煤炭物流节点的空间价值。

（3）低价——高价地区的空间价值

由于煤炭所在的地区不同，煤炭价格受到供应和需求的影响，有的地区供大于求，煤价就会较低，反之同类型的煤炭在供小于求的地区，价格却比较高。通过煤炭物流节点，实现了煤炭由低价地区向高价地区转移的价值，这就形成了煤炭物流节点的空间价值。

2）时间价值

由于生产与消费在空间上存在的差异，煤炭产品从生产的地方运送到消费的地方就必然会存在时间差，比如在冬季和夏季每吨煤炭的价格会相差150元。通过改变时间差所创造的价值，就是煤炭物流的节点时间价值。

（1）缩短时间创造的价值

通过降低煤炭运输过程中的货损、加快煤炭周转速度、提高资金利用率等缩短煤炭生产与消费之间的物流时间来创造价值。缩短物流时间、加快物流速度是煤炭物流必须遵循的经济规律，这就是提高速率减少流通时间。

（2）缩短时间差创造的价值

从煤炭物流节点角度看，利用生产和消费的时间差而产生市场供给失衡，进而产生了价格差，可以通过缩短煤炭生产与消费之间的时间差来获得煤炭物流节点利润。缩短煤炭产品由于季节性的生产与常年消费之间在时间上存在差异所形成的供给和需求的时间差，能为煤炭企业创造更多的利润。

（3）延长时间差创造的价值

时间差导致了一定时间内因市场产品过多、消费下降而产生的供大于求，煤炭的价格降低，这时煤炭物流节点把煤炭存储起来，到用的时候再拿出来，通过这种方法延长这种时间差，在一定时间内能够减轻供过于求状况，等消费增加，价格上升的时候消耗库存，从而不会因为市场价格的过分波动而带来的企业运营风险，帮助煤炭物流节点获得延长时间差而带来的利润。

3）金融价值

在物流业务活动中，与金融机构的合作研发出各类物流金融产品，进而能够调动物流经济领域内的货币流动的过程称为物流金融。物流结算、仓单、授信金融这三个方面是物流节点的金融表现价值。

（1）物流结算金融

采取各类金融结算工具，从而给煤炭物流企业结算金融的活动。现阶段其主要采取代收物流货物的贷款，垫付物流货物的贷款以及进行相关汇票的承兑业务。

（2）物流仓单金融

物流仓单金融也称为融通仓融资，其主要内容是：供应商可以用仓库中的煤炭质押或反担保存入融通仓从而获得与其合作的金融机构提供的贷款，进而根据需要在后续的生产活动中逐渐还款来解除质押品监管。煤炭物流节点提供质押煤炭的保管、信息提供等服务，架起银行和企业间融资的纽带。通过加入煤炭物流节点可以使银行不接受的煤炭产品等不动产成为可接受的动产抵押产品，并且用此进行质押担保来信贷融资。从盈利的方式角度来说，供应商利用煤炭等流动资产从银行得到了融资，银行也增加了其流动资产贷款业务，获得了贷款的利息。煤炭物流节点从这两个方面获利：获取煤炭企业的仓储费；通过评估质押物，并对质押物存储监管，向银行和贷款收取评估费用与质押物的仓储监管费用。

（3）物流授信金融

物流授信金融是指：银行给物流节点授信，不再参与质押具体运作，煤炭物流节点直接向贷款企业发放贷款，简化了贷款程序。同时，也大大节省了银行与贷款企业的融资时间及不必要的成本。

2.2.3.4 物流通道

物流通道理论是对运输通道理论的进一步延伸。由于物流通道理论起源20世纪60年代的运输通道理论，所以要想了解物流通道理论的有关问题必须首先从了解运输通道理论的发展脉络开始。

1）物流通道的内涵

运输通道的概念被很多学者定义，其中广为认可的是威廉姆给出的概念，运输通道是指在由多种交通运输方式交织在一起的运输需求大，运输流量大的交易运输投资延伸地带。此外，威尔哈给出了概念涉及的几个要点：

①运输通道包括连接产地和市场之间的一条或多条运输线路，承担客运和货运任务；

②这些运输线路是平行的，运输方式可能是不同的，它们互相补充搭配，一起承担巨大的交通流服务；

③运输通道不只是运输线路的集合，它是一个立体的通道系统，其

中、机场、港口等配套节点设施、水陆空现代化立体交通都是不可缺少的部分。

从形式看，运输通道是客货运任务的交通走廊，呈现带状图案；从功能看，运输通道是运输网络的骨架，将整个网络的节点组织起来。根据前文有关运输通道的理论解释，我们可以分析得出所述物流通道是把现代物流的概念结合到运输通道的理论中形成的有效的通道系统，所以，物流通道与运输通道有渊源已久的相似性又有明显的不同之处，相互交叉。物流服务范围包括仓储、包装、装卸、搬运、流通加工到信息服务等业务，这种服务不仅存在于运输通道中，更服务于各个物流节点，而运输只是其中一个部分。

另外，运输通道奠定了物流通道的基础，物流通道已然在物流相关组织、产业布局、供应链构建等的影响下，形成了具有区域影响力的高效率、最优成本的网络化物流系统。依托这样的设施共享和服务共享，企业可以形成成本优势，推动形成产业布局和组织结构，从而最终形成具备强大影响力的汇聚紧密联系的节点企业和运输通道的物流通道。物流通道，货物从出发到目的地过程中所有的服务设施总称为物流通道。也就是说，物流通道是一个涵盖了货物运输线路和节点的各个大的完整系统。

运输路线和物流节点都是这个物流通道的主体，其他的设施为其提供帮助的功能，它们一起作用，共同实现货物的高效流动。综上所述，本书认为物流通道的概念应该是：以货物运输线路和节点为骨干，把现代物流和运输通道理论相结合，从而使货物完成更为高效的流动和增值。

2）物流通道的类型

基于不同的分类标准，物流通道分为不同的类型。根据货物的类型，可分为煤炭物流通道、粮食物流通道和矿石物流通道等；根据运输方式，可以分为公路、铁路和水路物流通道等。根据物流通道的地域范围，可分为以下几种：

(1) 广域物流大通道

在国外和国内几个大经济区之间建立连接,我国目前已有一些这样的通道,例如滨洲线、陇海—兰新大陆桥等;

(2) 区域物流通道

经济区内几个地区和城市之间的运输通道,主要承担货物运输,同时开展更为密切的分工和协同,包括铁路通道、公路通道、水路通道、航空通道,负责联系经济区内的货物运输;

(3) 城市物流通道

主要负责城市短距离物流运输,协调物流节点、配送中心和用户之间的相互关系,如城区物流通道,城区和郊区的物流通道等。

3) 物流通道系统特性分析

物流通道是一个整体系统,它具备系统的所有特性,主要表现在以下几个方面。

(1) 系统内部的协调性

物流通道通常运行着不同的运输工具,不同运输方式以及同一方式在不同干线间运行,相互间的协同水平对物流服务会产生直接的影响。公路运输的灵活性最高,最容易和别的运输方式进行协调。

(2) 运输方式之间的差异性

物流运输通常涉及的距离较远,环节较多,不确定风险较大,时间要求高,这样的特点给物流运输通道系统造成了很大的技术、成本以及管理上的压力。必须选择合理有效的运输方式才能确保形成有效的物流通道系统,因此如何选择运输方式,选择什么样的运输方式成为重中之重,这项工作成为最终产品定价、准时配送、商品抵达时的质量状况等指标的直接且重要的影响因素。必须综合考虑运输成本、交货的及时性、发货频率、运输方式的载重能力和运输方式安全性与可靠性等指标。

(3) 货物运输与增值的统一性

货物配送的过程中,货物经历了物流枢纽、车站、港口等一系列的物流节点设施，完成了从包装，装卸，运输，配送，加工到信息处理等一系列流程。这些物流节点设施同时成为了货物的增值节点，货物增值率的高低直接决定了物流节点运作水平的高低。同时，物流节点的运作水平又直接决定了运营管理中货物的通畅性。

根据煤炭的流通过程，煤炭物流运输网络是连接煤炭生产地、煤炭中转地和煤炭消费地的复杂网络。煤炭物流系统网络的结构具有分区性、层级性和整体性的特征，生产地、中转地和消费地三网一体，是多主体、跨区域的动态网络系统。在煤炭物流运输网络中，物流节点多，运输线路长，运输方式多样化，并且物流节点具备各种不同的功能（如煤炭集散，煤炭转运，煤炭仓储，煤炭配送等等），在理论研究上，煤炭物流运输网络中的物流节点和线路被抽象为拓扑网络中的节点和有向边（弧）。一般来说，煤炭物流运输网络的结构分为四种类型[7]：两级网络结构，三级网络结构，四级网络结构和多级网络结构。

①两级网络结构。

煤炭供应地（煤矿节点）和煤炭消费地（客户节点）的空间分布均比较分散，煤炭企业将煤炭直接销往客户，见图2-5。

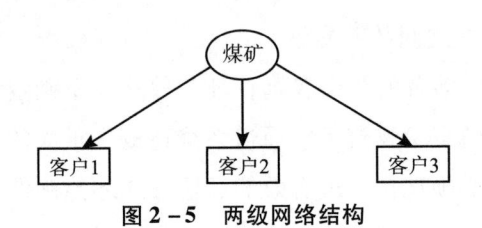

图2-5 两级网络结构

②三级网络结构。

煤炭供应地（煤矿节点）和煤炭消费地（客户节点）的空间分布相对比较集中，煤炭企业将原煤运送到枢纽节点，然后再由枢纽节点进行配送。见图2-6。

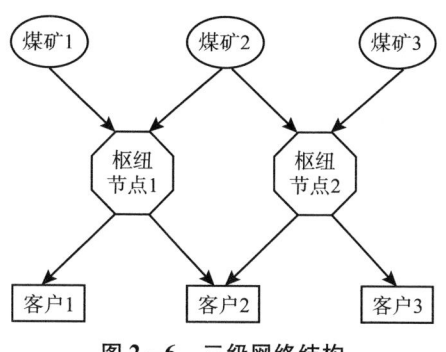

图 2-6 三级网络结构

③四级网络结构。

煤炭供应地与煤炭消费地距离较远，企业将原煤运送到枢纽节点，再由枢纽节点转运到配送节点，最后由配送节点负责配送。见图 2-7。

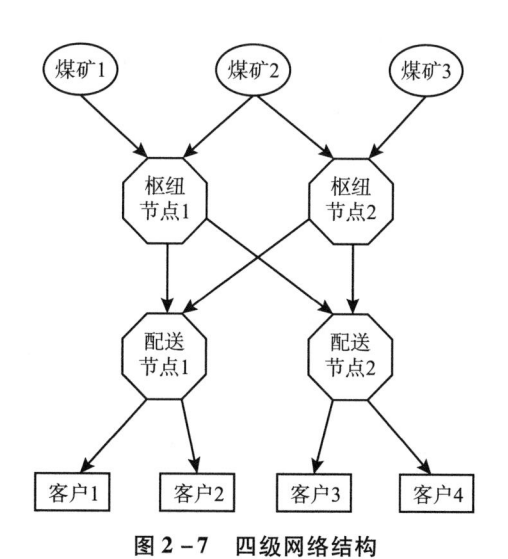

图 2-7 四级网络结构

④多级网络结构。

在实际网络结构中，煤炭供应地和煤炭消费地的分布区域比较分散，不同供应地与不同消费地之间的运输距离差异很大。对于距离比较远的客户来说，煤炭商品需经多级枢纽节点进行转运，从而涉及多个转运节点和运输线路。见图2-8。

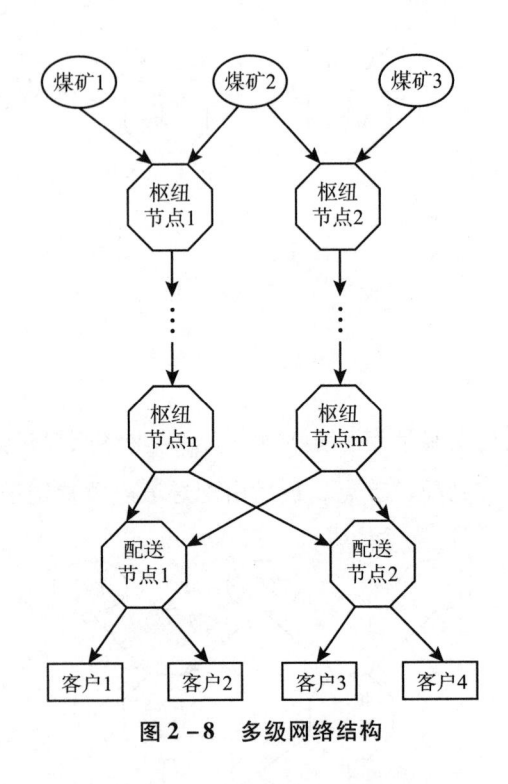

图2-8 多级网络结构

2.3 煤炭物流运输网络可靠性问题

  煤炭物流运输网络是一个复杂的、开放的网络系统，由于货物承载量大、输送距离远、物流节点多等特征，其运行效率和服务质量容易受各种不确定因素的影响，这使得煤炭物流运输网络的服务水平具有很大的波动性和随机性。网络可靠性是网络系统综合性能的集中反映，可靠性分析是衡量不确定性因素作用下网络性能的有力工具。借助于这一性能分析工具，便可实现对煤炭物流运输网络的性能水平进行定量评估。
  针对煤炭物流运输网络可靠性分析，我们采用两种可靠性模型，第一种是二态网络可靠性模型，第二种是多态网络可靠性模型。下面详细介绍网络可靠性的相关问题。

2.3.1 可靠性问题

可靠性问题的提出与可靠性研究的发展经历了一个缓慢的过程。可靠性理论的研究始于20世纪初期，由于研制使用复杂的军事装备和评定改善系统可靠性的需要，可靠性理论的研究得到重视。例如，由于发射的火箭可靠性差，当德国使用V-2火箭袭击伦敦时，有80枚火箭没有起飞就爆炸，还有的火箭没有到达目的地就坠落；再譬如，美国当时的航空无线电设备有60%不能正常工作，其电子设备在规定的使用期限内仅有30%的时间能有效工作。"二战"期间，因可靠性引起的飞机损失惨重，损失飞机2100架，是被击落飞机的1.5倍。因此，决策者和研究人员逐渐意识到需要将可靠性贯穿于装备研制、生产和维修的整个过程。在研究上，当时主要是借助于概率统计、逻辑代数等工具来解决实际应用中遇到的可靠性问题。20世纪60年代以后，可靠性研究的范围已经从军事领域扩展到许多其他领域，如飞机系统、核反应控制系统、计算机网络系统、交通网络系统、电力输送与分配网络系统等，同时形成了如可靠性数学、可靠性系统、可靠性工程等重要研究领域与分支学科。

可靠性数学是研究可靠性的理论基础，它主要研究和解决各种可靠性问题的数学模型及数学方法，研究可靠性的定量问题，如理论计算、数据收集分析、系统设计及寿命实验等，所用的知识涉及概率论与数理统计、随机过程、图论、最优化理论与方法、组合数学等众多数学分支。在解决可靠性问题中所用到的数学模型主要分为两类：概率模型和统计模型。概率模型是从系统的结构部件的工作概率或工作概率分布等有关信息出发，计算出系统可靠性的数量指标如可靠度，修复度，有效度等，进一步讨论系统的最优设计，维修策略等。统计模型是从观察数据出发，对部件或系统的寿命进行估计与检验等。因此它既是概率统计的一个分支，又是运筹学的一个分支。

其实，与可靠性有关的数学基础理论很早就发展起来了。可靠性最主要的理论基础概率论早在17世纪初就逐步确立；另一主要基础理论数理统计学在20世纪30年代初期也得到了迅速发展；作为与工程实践的结合，除了三四十年代提出的机械维修概率、长途电话强度的概率分布、更新理论、试件疲劳与极限理论的关系外，1939年瑞典人威布尔为了描述材料的疲劳强度而提出了威布尔分布，后来成为可靠性最常用的分布之一。德国的V-1火箭是第一个运用系统可靠性理论计算的飞行器。德国在研制V-1火箭后期，提出用串联系统理论，得出火箭系统可靠度等于所有元器件、零部件乘积的结论。根据可选性乘积定律，计算出该火箭可靠度为0.75。而电子管的可选性太差是导致美国航空无线电设备可靠性问题的最大因素。于是美国在1943年成立电子管研究委员会，专门研究电子管的可靠性问题。

所以，20世纪60年代被认为是可靠性萌芽时期。到了20世纪中期，是可靠性兴起和形成的重要时期。为了解决电子设备和复杂导弹系统的可靠性问题，美国展开了有组织的可靠性研究。其间，在可靠性领域最有影响力的事件是1952年成立的电子设备可靠性咨询小组（AGREE），它是由美国国防部成立的一个由军方、工业领域和学术领域三方共同组成的、在可靠性设计、试验及管理的程序及方法上有所推动的、并确定了美国可靠性工程发展方向的组织。AGREE组织在1955年开始制订和实施从设计、试验、生产到交付、储存和使用的全面的可靠性计划，并在1957年发表了《军用电子设备可靠性》的研究报告，从9方面全面阐述可靠性的设计、试验、管理的程序和方法，成为可靠性发展的奠基性文件。这个组织的成立和这份报告的出现，也标志着可靠性学科发展的重要里程碑，此时，它已经成为一门真正的独立的学科。

可靠性工程全面发展的阶段是在此后的十多年——20世纪60年代。随着可靠性学科的全面发展，其研究已经从电子、航空、宇航、核能等尖端工业部门扩展到电机与电力系统、机械设备、动力、土木建筑、冶金、化工等部门。在这十多年中，美国先后开发出战斗机、坦克、导弹、宇宙飞船等装备，都是按照1957年电子设备可靠性咨询小组报告中提出的、被美国国防部和国家航空航天局认可的一整套可靠性设计、试验和管理的程序和方法进行设计开发的。此设计试验管理程序和方法在新产品的研制中得到广泛应用并发展、检验，逐渐形成一套比较完善的可靠性设计、试验和管理标准。此时，已经形成了针对不同产品制定的较完善的可靠性大纲，并定量规定了可靠性要求，可进行可靠性分配和预测。在理论上，有了故障模式及影响分析（FMEA）和故障树分析（FTA）。在设计理念上，采用了余度设计，并进行可靠性试验、验收试验和老练试验，在管理上对产品进行可靠性评审，使装备可靠性提升明显。美国的可靠性研究使其在军事、宇航领域装备可靠性大大增加。在此期间，许多其他工业发达国家，如日本、苏联等国家也相继对可靠性理论、试验和管理方法进行研究，并推动可靠性分析向前迈进。

20世纪70年代，可靠性理论与实践的发展进入了成熟的应用阶段。世界先进国家都在可靠性方面有所应用。例如美国建立集中统一的可靠性管理机构，负责组织、协调可靠性政策、标准、手册和重大研究课题，成立全国数据网，加强政府与工业部门间的技术信息交流，并制定了完善的可选性设计、试验及管理的方法和程序。在项目设计上，从一开始设计对象的型号论证开始，就强调可靠性设计，在设计制造过程中，通过加强对元器件的控制，强调环境应力筛选、可靠性增长试验和综合环境应力可靠性试验等来提高设计对象的可靠性。

20世纪80年代开始，可靠性一直向更深更广的方向发展。在技术上深入开展软件可靠性、机械可靠性、光电器件可靠性和微电子器件可靠性的研究，全面推广计算机辅助设计技术在可靠性领域的应用，采用模块化、综合化和如超高速集成电路等可靠性高的新技术来提高设计对象的可靠性。可靠性在世界得以普遍应用和发展。

到了20世纪90年代，可靠性在向着综合化、自动化、系统化和智能化的方向发展。综合化是指统一的功能综合设计而不是分立单元的组合叠加，以提高系统的信息综合利用和资源共享能力。自动化是指设计对象具有功能的一定自动执行能力，可提高产品在使用过程中的可靠性。系统化是指研究对象要能构成有机体系，发挥单个对象不能发挥的整体效能。智能化将计算技术引入，采用例如人工智能等先进技术，提高产品系统的可靠性和维修性。

可靠性发展也是在从单一领域的研究发展到结合各个学科门类中相应的研究，形成多学科交叉渗透。20世纪40年代初期到20世纪60年代末期，是结构可靠性理论发展的主要时期；20世纪60年代到20世纪80年代，是结构可靠性理论得到了发展并已较为成熟的时代。结构可靠性理论是涉及多学科并与工程应用有密切关系的学科，对结构设计能否符合安全可靠、耐久适用、经济合理、技术先进、确保质量的要求，起着重要的作用。它运用了概率论、数理统计、随机过程等数学方法处理工程结构中的随机性问题，以应力—强度分布干涉理论为基础，涉及到结构随机可靠度的基本概念、原理和相关基本算法，如今可靠性理论与优化理论结合的可靠性优化技术已成功应用在结构和产品设计中，并产生了明显的经济和社会效益。20世纪90年代，人可靠性分析方法的研究趋于活跃，许多学者将人工智能、随机模拟、心理学、认知工程学、神经网络、信息论、突变论、模糊集合论等学科的思想应用到人可靠性分析中，出现了人可靠性心理模型、人可靠性分析综合认知模型、人模糊可靠性模型、人机系统人失误率评估的动态可靠性技术以及计算机辅助人可靠性分析等。可靠性在电力系统中也得以广泛应用，目前的研究几乎涉及到电力系统发电、输电、配电等各方面，可靠性分析也正逐步成为电力系统规划、决策的一项重要的辅助工具。在电子领域，现有的绝大多数可靠性数学模型和研究方法是以电子产品为最初对象产生和发展起来的，所以目前对电子产品的可靠性研究不论从可靠性建模理论、可靠性设计方法、失效机理分析、可靠性试验技术及数据统计方式等均已趋向成熟。另外，在机械、汽车、电力等领域，可靠性也发挥着不可替代的作用。

可靠性成为一门独立的学科仅仅四十多年，已经取得了很大的成就，但其在发展研究上也有亟待解决的问题。譬如，传统的可靠性理论是在二态网络模型的基础上建立的，但在可靠性工程实践中，传统的二态可靠性理论进行系统评价并不能完全反映实际情况。总的来说，系统可靠性从诞生、发展到应用已经逐步向着各学科渗透，但在现代科技飞速发展的时期，系统可靠性在理论和研究模式上还有欠缺，需要结合其他理论如模糊理论、人工智能等，使可靠性理论、试验和管理能够更成熟、更完善。

2.3.2　可靠性概念

网络可靠性是一个相对宽广的概念，在不同的应用领域，由于研究对象的不同、研究对象功能和特性的不同以及研究出发点的不同，对可靠性的定义存在一定的差别。但从本质上来看，网络可靠性是指网络系统在规定条件下和规定时间内完成预定功能的能力，它反映了网络构成单元支持网络实现某种服务功能的能力水平。

一般来说，网络可靠性分为二态网络可靠性和多态网络可靠性。二态网络可靠性假定网络及其构成单元只有两种状态：工作状态和失效状态，通常适用于分析网络在极端条件下的性能水平。然而，在多数情况下，网络及其构成单元不是只有"工作状态"和"失效状态"两种状态。因此，二态网络可靠性常常无法真实地描述和刻画网络的复杂行为。鉴于此，研究者提出了多态网络可靠性问题。在多态网络可靠性分析中，网络及其构成单元不仅具有"工作状态"和"失效状态"，而且还具有介于这两种状态之间的中间状态。当网络及其构成单元处于中间状态时，网络整体服务能力虽然下降了，但它仍然能够维持一定的服务功能和服务质量。

从发展历史来看，可靠性在工程领域的应用（如航空航天、武器装备、核电站）已经非常广泛，且研究已很深入，但在交通物流领域的研究和应用近些年来才开始受到重视。相对于其他技术网络，煤炭物流运输网络可靠性研究还十分有限，且不够深入。根据客户的需求提供安全、高效、经济的物流运输服务是煤炭物流运输网络的主要功能，即通过提供煤炭装卸、运输、仓储、配送等服务，保证煤炭商品从生产地被顺利送达需求地。因此，煤炭物流运输网络可靠性是指在规定条件下和规定期限内，网络所提供的煤炭物流运输服务能够满足客户需求的能力。煤炭物流运输网络可靠性是煤炭物流运输网络综合性能的集中体现。

2.3.3 二态网络与多态网络

从系统学的观点来看，网络系统是一类特殊的系统形态，其中网络节点是系统的组成元素，网络的边体现了元素之间相互作用、互相依赖的关系。现实生活中的网络系统都是在特定的条件下来执行既定的任务。由于受自身或外界客观条件的影响，系统及其组成单元在运行过程中一般会表现出多种不同的效率水平，该效率水平通常被称作系统的性能水平。只有两种性能水平的网络系统被称为二态网络系统，而多态网络系统是二态网络系统的自然扩展，是指具有多种性能水平的网络系统；多态网络系统简称多态网络或多态系统。一般地，多态系统的组成单元本身也具有多种性能水平，因此，它们通常也是多态的。在实际工作中，组成单元的性能水平一般呈现出逐渐衰减的态势，也就是说，组成单元通常经历了从正常工作状态到完全失效状态等许多中间状态。譬如，对于一个通行能力为3000辆/小时的路网来说，当道路处于理想工作状态时，其通行能力为3000辆/小时，当遭遇恶劣天气或交通事故时，其通行能力有可能为2000辆/小时、1000辆/小时、500辆/小时、0辆/小时等等。再譬如，对于一个输电网络来说，由于线路的维修或老化，其电力输送能力将会表现出多种不同的水平。多态系统模型能够更准确地描述和刻画实际网络系统的复杂行为，在理论研究中得到了越来越多的重视。

假设多态网络系统 G 有 W+1 个状态，其状态空间可表示为 $\{0, 1, 2, \cdots, W\}$，系统完全失效时定义其状态为 0，系统正常工作时定义其状态为 W。对于多态网络系统来说，通常用状态性能和状态概率来描述其特性，其中状态性能代表系统处于某种状态时的性能水平（或服务水平），状态概率表示系统能够提供某种性能水平的概率。例如，对于某个给定的通信网络，定义如下状态：

状态 0：0 Gbit；状态 1：5 Gbit；状态 2：10 Gbit；状态 3：15 Gbit；状态 4：20 Gbit；则该运输网络的状态空间为 $\{0, 1, 2, 3, 4\}$，状态性能的空间可表示为 $\{0, 5, 10, 15, 20\}$。假设该运输网络处于状态 0，1，2，3，4 的概率分别为 0.01，0.01，0.03，0.05，0.9，则状态概率可用集合表示为 $\{0.01, 0.01, 0.03, 0.05, 0.9\}$。因此，该运输网络就可以通过状态性能 $\{0, 5, 10, 15, 20\}$ 和状态概率 $\{0.01, 0.01, 0.03, 0.05, 0.9\}$ 来表示。

对于多态网络系统的组成单元来说，仍然是通过上述的表示形式对其进行描述，即利用状态性能和状态概率来刻画系统组成单元的行为。多态网络系统可靠性分析的重点是研究组成单元的性能水平与系统的性能水平之间的映射关系，而难点是根据这种映射关系如何设计高效的方法来确定系统的整体性能水平。在此过程中，首先，要确定组成单元的状态性能和状态概率；其次，寻找组成单元与系统之间的结构函数，并利用结构函数计算系统的状态性能和状态概率；最后，根据设定的性能指标评估系统可靠性。

2.3.4 可靠性影响因素分析

影响煤炭物流运输网络可靠性的因素众多，从宏观的角度分析，这些影响因素主要包括下面几个方面[6-11]。

(1) 网络的物理特征

在前面的讨论中曾指出，煤炭物流运输网络结构分为两级、三级、四级以及多级结构，无论是哪种形式，如果网络拓扑结构设计不合理，线路本身所处的地质、水文环境比较恶劣，或者道路等级的差异都会对煤炭物流运输网络可靠性产生影响。另外，由于多级煤炭物流运输网络涉及的转运节点和线路较多，会显著增加煤炭转运环节和作业流程，从而导致网络发生故障的概率增大。特别是当一些关键节点或线路发生故障，有可能引发整个网络无法正常运行。

（2）网络的技术水平

煤炭物流运输网络的技术水平主要指用于煤炭加工、装卸、运输、仓储、配送的基础设施技术水平和用于提升物流管理能力的物流信息化技术水平。煤炭商品物流具有运量大、运距远的特点，因此对基础设施的承载能力、运输设备的技术水平以及各个环节的信息沟通与调度的要求比较高。一方面，技术水平较低的基础设施与落后的作业水平会严重影响煤炭物流运输的效率；另一方面，不准确、不及时更新的物流信息也会降低煤炭物流运输网络的工作效率。正因为如此，布局合理、技术完善的硬件设施，先进的物流信息管理系统、高素质的物流技术人才等软件设施都能够显著提升煤炭物流运输网络的运行质量，并最终有助于提高煤炭物流运输网络的可靠性。

（3）市场需求的波动性

我国的煤炭主产地集中在华北和西北地区，而煤炭消费地集中在华东和华南地区，"北煤南运"和"西煤东送"是国内煤炭流向的基本格局，这种基本格局必然会引发供需矛盾问题。特别地，煤炭需求受季节和上、下游行业的影响，容易造成市场需求的波动。一般来讲，冬季由于采暖，煤炭需求量较大，容易造成某些运输通道运量激增；另外，火电、冶金、建材、化工等行业对煤炭需求具有强劲的拉动作用，一旦这些行业发展速度过快，很容易加重运输节点和线路的负担，进而影响整个网络的可靠性。

（4）运输环境的随机性

煤炭物流运输网络是一个开放的系统，受外部环境因素影响较大，从自然灾害（譬如地震、洪水、暴雨、暴雪、大雾、滑坡等等）到偶发事件（譬如运载工具故障、桥梁隧道坍塌、临时道路施工、交通堵塞等等），这些随机因素都会对网络的正常运行造成干扰，进而影响网络服务的稳定性和可靠性。

上述分析表明，众多内外不确定因素都会导致煤炭物流运输网络系统出现异常状态。煤炭物流运输网络在异常状态下的服务质量与在正常状态下的服务质量不可能保持相同，因此，只有通过网络性能分析的手段来优化网络的组织结构和运行方式，以期最大限度降低随机因素对网络运行状态的干扰。对于煤炭物流运输网络来说，无论受内外因素的影响有多大，最重要的是要保证煤炭生产地与消费地之间的连通性，并能够维持一定的煤炭输送能力，只有这样才能避免煤炭商品的供应发生完全中断。

2.3.5 可靠性评价指标

在对网络进行可靠性分析之前，首先需要确定可靠性评价指标。对于一般的网络来说，根据实现功能和研究目的的不同，网络可靠性指标主要包括三种类型：连通可靠性指标、时间可靠性指标和能力可靠性指标。下面对这三种可靠性指标分别予以介绍。

（1）连通可靠性

连通可靠性是指网络中指定的某些节点之间能够保持连通的概率，它反映了网络拓扑结构支持网络正常运行的能力[75,76]。连通可靠性侧重于分析网络的物理结构。从网络实现功能的角度出发，研究者通常把连通可靠性分为两终端连通可靠性，k-终端连通可靠性和全终端连通可靠性。网络k-终端连通可靠性是指网络中指定的k个节点之间能够保持连通的概率；如果k是网络中所有节点的数量，k-终端连通可靠性即为全终端连通可靠性；如果在网络中指定一个源节点s和一个汇节点t，两终端连通可靠性是指s和t之间至少存在一条通路的概率（即保持连通的概念）。需要指出的是，两终端连通可靠性是网络可靠性分析的基础。

在连通可靠性分析中，网络及其构成单元只有两种运行状态：工作状态（即连通状态）和失效状态（即中断状态）。虽然连通可靠性对网络特征的刻画略显简单，应用上也具有一定的局限性，但它是反映网络运行服务水平最基本的性能指标。

（2）时间可靠性

时间可靠性代表网络在规定时间内顺利完成规定服务功能的概率[134]。在实际生活中，时间是衡量网络服务质量较直观的一个性能指标，因此，在网络设计和分析中常被看作一个重要的性能参数。在不同的应用领域对时间可靠性的称谓也会有差异。例如，在通信网络中，称其为响应时间可靠性；在道路交通网络中，称其为出行时间可靠性；在物流领域，称其为配送服务时间可靠性[141]。我们注意到，时间可靠性分析依赖于充足的历史数据，它常常借助于数理统计学的方法来实现。

（3）能力可靠性

能力可靠性又称容量可靠性，在可靠性领域属于一个研究热点，研究者在该领域所取得的研究成果也最多。所谓能力可靠性是指网络在规定条件下能够把满足要求的网络流从源点 s 输送到汇点 t 的概率[105]。根据应用对象的不同，这里的网络流可以指信息流，商品流，能量流等等。

我们注意到，能力可靠性不仅关注网络的连通性（在保证网络连通性的前提下讨论能力可靠性才有意义），更关注网络的容量水平（即输送网络流的能力）。在能力可靠性研究中，网络更多时候被看作是一个多态网络，即网络及其构成单元具有多种不同的状态，代表了它们具有多种不同的性能水平。如果在能力可靠性指标中加入费用约束，便构成了费用约束下的能力可靠性指标，其定义是指网络在规定条件下能够把一定数量的网络流从源点 s 输送到汇点 t，且总的费用不超过给定的费用预算的概率。

除了以上常见的三种指标外，研究者根据研究对象和研究目的的不同也提出了其他可靠性指标，譬如，任务可靠性[142-143]，出行需求满意度可靠性[144]，行为可靠性[145]等等。这里就不再对其进行讨论。

在物流系统可靠性研究中，连通可靠性、时间可靠性、能力可靠性仍是应用最广泛的可靠性指标。当然，针对特定的物流系统，也有研究者提出了其他的可靠性指标。比如，张焱[38]针对生鲜农产品物流系统，提出了品质可靠性的概念。注意到煤炭物流运输网络的基本功能是实现煤炭商品在生产地与消费地之间的安全、高效流动。因此，本书把能力可靠性指标作为重点研究的对象。另外，鉴于连通性是煤炭物流运输网络维持正常运行的基本属性，本书也将对连通可靠性进行研究。

2.3.6 可靠性评估方法

2.3.6.1 极小路集方法

极小路集法是研究和分析网络系统可靠性的重要方法之一，也是计算复杂网络系统最为常用和经典的方法。在网络系统不断演化发展、由简单变复杂、由单一变多样的过程中，极小路集法也在不断更新，优化算法，以适应更加庞大的网络系统。极小路集法作为网络系统可靠性分析的一种依据，针对不同的架构体系，有着不同的计算放法，总的来说，主要有容斥原理法和不相交互法等。

给定一个网络系统，该系统共有 9 个节点，设系统的起始点为节点 1，系统的终止点为节点 9，系统信息通过多条路径从起始点传输到终止点，这些路径有 {A，B，C，D}、{E，F，G}、{J，K，L}、{A，M，F，H，D}、{E，F，I，L} 等等，这里将起始点 1 定义为系统的源点，终止点 9 定义为系统的汇点，网络系统中信息所经过的路径称为"弧"（见图 2-9）。路集的定义为：在网络系统中，从源点到汇点联通的单元以及信息流所包含的"弧"的集合称之为一个路集。在一个路集中，当且仅当所有的节点以及节点之间所有的"弧"都没有故障时，网络系统才能正常工作，使得源点与汇点之间进行信息交互与沟通。

图 2-9 网络系统结构

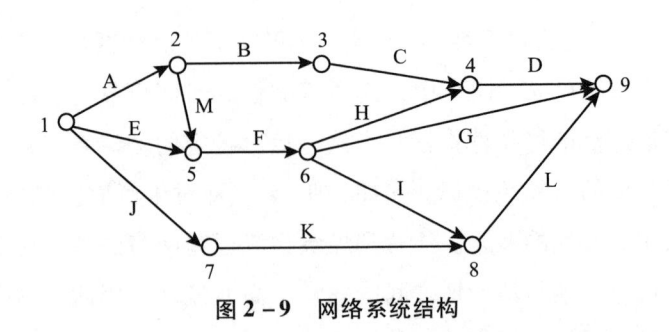

上图所示的所有从系统的源点到汇点经过的弧的集合都是一个路集。在这些路集中增加一条"弧"，例如在路集 {J, K, L} 中增加一条"弧"变为 {J, K, L, I}，仍然是路集，即源点仍可以通过该路集实现与汇点的信息交互；但是如果在路集 {J, K, L} 中去掉任意一个节点或者一个弧（可认为该节点或该弧发生故障）变成 {J, K} 时，信息无法通过该路集从源点传输到汇点，我们称这样的路集为极小路集。如 {A, B, C, D}、{E, F, G}、{J, K, L} 都是极小路集，在极小路集中，没有重复的节点，也没有重复的"弧"。典型的极小路集系统框见图 2-10。

在该网络系统中，共有四个节点，在源点和汇点之间共有 A、B、C、D、E 五条"弧"见图 2-10（a），这五条"弧"可以组成四个极小路集见图 2-10（b）。

(a) 系统连接关系图　　(b) 系统极小路集图

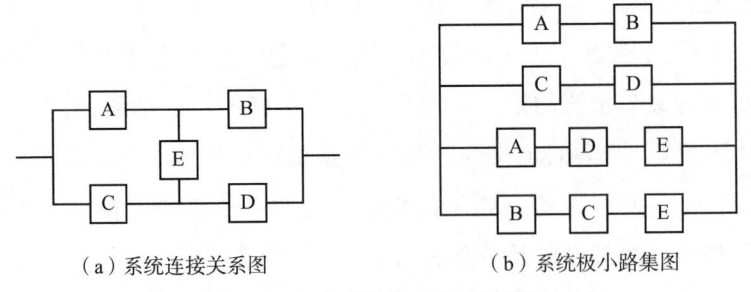

图 2-10 典型的极小路集系统框

2.3.6.2 容斥原理法

(1) 相交"弧"

在介绍容斥原理法之前,首先给出"弧"的概念。在图2-9所示的网络系统中,将所有的极小路集全部列出,有{A,B,C,D}、{E,F,G}、{J,K,L}、{A,M,F,H,D}、{E,F,I,L}、{A,M,F,G}、{A,M,F,I,L}、{E,F,H,D},在这些极小路集中有些存在相同的"弧",我们称为相交"弧"。如在{A,B,C,D}与{A,M,F,G}路集中,都有"弧"A,那么A就是相交"弧"。

(2) 相容事件的概率

根据概率论相关内容可以知道,事件B_1和事件B_2的交集为空集,则认为B_1和B_2就是互斥事件,指事件B_1和事件B_2不可能同时发生,也叫互不相容事件;事件B_1和事件B_2的交集不为空集,两事件可以同时发生,则认为B_1和B_2是相容事件。相容事件中至少出现一个事件的概率公式为:

$$P\{B_1 \cup B_2\} = P\{B_1\} + P\{B_2\} - P\{B_1 \cap B_2\}$$

若有n个相容事件分别为B_1,B_2,B_3,B_4,B_5,…,B_n,第i个事件出现的概率记为P_i(i=1,2,3,4,5,…,n),则至少出现一个事件的概率为:

$$P\{B_1 \cup B_2 \cup B_3 \cup \cdots \cup B_n\} =$$
$$\sum_{i=1}^{n} P\{B_i\} - \sum_{i<j=2}^{n} P\{B_i \cap B_j\} + \sum_{i<j<k=2}^{n} P\{B_i \cap B_j \cap B_k\} \cdots +$$
$$(-1)^{n-1} P\{B_1 \cap B_2 \cap B_3 \cap \cdots \cap B_n\} \quad (2.1)$$

通过数学归纳法可以计算出式(2.1)等号右边一共有$z^n - 1$项。

(3) 容斥原理法

在一个有l个节点、n条"弧"的网络系统S(P,B)中,P是系统的节点集,B是系统的"弧"集,设O为系统的源点,T为系统的汇点。假设该网络系统中有m条极小路集,分别表示为B,B,B_3,B_4,B_5,…,B_m,其算法的基本思想是在源点和汇点之间所有的极小路集中至少有一条极小路集是畅通的,那么该网络系统就可以正常工作,因此,通过相容事件的概率算法就可以计算出上述网络系统的可靠度为:

$$R(S) = P\{B_1 \cup B_2 \cup B_3 \cup \cdots \cup B_m\}$$

$$= \sum_{i=1}^{m} P\{B_i\} + \sum_{i<j=2}^{m} P\{B_i \cap B_j\} - \sum_{i<j<k=2}^{m} P\{B_i \cap B_j \cap B_k\} + \cdots +$$

$$(-1)^{m-1} P\{B_1 \cap B_2 \cap B_3 \cap \cdots \cap B_m\} \qquad (2.2)$$

将第 i 条极小路集中的节点与"弧"进行排列,其顺序为从源点开始,到汇点终止,序列号逐渐增大,记为 C_1, C_2, C_3, $\cdots$, C_α, $\cdots$,其可靠性概率记为 c_1, c_2, c_3, $\cdots$, c_α, $\cdots$,因为网络系统中所有的节点和"弧"是相互独立的,那么对属于极小路集 B_i 中所有节点和"弧"的概率求积为:

$$P\{B_i\} = P\{C_1 C_2 C_3 \cdots C_\alpha\} = \prod c_\alpha \qquad (2.3)$$

对属于极小路集 $B_i B_j$ 中所有节点和"弧"的概率求积为:

$$P\{B_i B_j\} = \prod c_\alpha \qquad (2.4)$$

其中极小路集 B_i 和极小路集 B_j 中可能存在本节开头提到的相交"弧",其有相同的概率,在式(2.4)中只计算一次,即共有的 C_α 只乘一次。

对属于极小路集 B_1, B_2, B_3, $\cdots$, B_m 中所有节点和"弧"的概率求积为:

$$P\{B_i B_j \cdots B_m\} = \prod c_\alpha \qquad (2.5)$$

式(2.5)中的相交"弧"只计算一次,即共有的 C_α 只乘一次。

每条极小路集的可靠性 $P\{B_i\}$ 是这条路集上所有节点与"弧"的可靠性的乘积。由式(2.2)可以看出,当网络系统结构复杂、规模庞大时,m 值非常大,而 $2^m - 1$ 项是随着 m 指数形式增长的,如一网络系统中共有极小路集 50 条,上式中就有 $2^{50} - 1$ 项,而每项又是该项中节点与"弧"的可靠性的连乘积,此时会出现严重的组合爆炸问题,计算变得异常繁琐,进行算法优化显得非常有必要。

(4) 容斥原理法的简化算法

定义新的符号：

$p_i(j, k) = P\{B_i | B_j B_k\}$，表示最小支路 B_i 在最小支路 B_j 和 B_k 为通路的情况下也为通路的概率；

$p_i(j, k, \cdots, m) = P\{B_i | B_j B_k \cdots B_m\}$，表示最小支路 B_i 在最小支路 B_j，B_k，$\cdots$，B_m 均为通路的情况下也为通路的概率：

$q_i(j, k) = 1 - p_i(j, k)$，$q_i(j, k, \cdots, m) = 1 - p_i(j, k, \cdots, m)$

$m = 2$ 时，式（2.2）可简化为

$$R(S) = P\{B_1 \cup B_2\} = p_1 + p_2 - p_{1,2} = p_1 + (1 - p_{1,2})/p_2$$
$$= p_1 + [1 - p_{1(2)}]/p_2 = p_1 + q_{1(2)} p_2 \quad (2.6)$$

可见，在 $m = 2$ 时，式（2.2）有三项，通过简化，变为两项。

以此类推，当 m 取 1~5 时，得到以下网络系统可靠性的表达式，见表 2-2：

表 2-2　　　　m 取不同值时网络系统可靠性表达式

极小路集数量 m	系统可靠性表达式 R（S）	项数
1	$R'(S) = P_1$	1
2	$R''(S) = p_1 + q_{1(2)} p_2$	2
3	$R'''(S) = p_1 + q_{1(2)} p_2 + q_{1(3)} p_2 - q_{1(2,3)} p_{2(3)} p_3$	4
4	$R''''(S) = R'''(S) + q_{1(4)} p_4 - q_{1(2,4)} p_{2(4)} p_4 - q_{1(3,4)} p_2 - q_{1(2,3)} p_{3(4)} p_4 + q_{1(2,3,4)} p_{2(4)} p_{3(4)} p_4$	8
5	$R'''''(S) = R''''(S) + q_{1(5)} p_5 - q_{1(2,5)} p_{2(5)} p_5 - q_{1(3,5)} p_{3(5)} p_5 - q_{1(4,5)} p_{4(5)} p_5 + q_{1(2,3,5)} p_{2(5)} p_{3(5)} p_5 + q_{1(2,4,5)} p_{2(4,5)} p_{4(5)} p_5 + q_{1(3,4,5)} p_{3(4,5)} p_{4(5)} p_5 - q_{1(2,3,4,5)} p_{2(3,4,5)} p_{3(4,5)} p_{4(5)} p_5$	16

由表 2-2 可知，虽然网络系统可靠性表达式在式（2.1）基础上进行了简化，其项数由 $2^m - 1$ 减少为 2^{m-1} 项，但是当 m 值很大时，其项数还是一个惊人的数字，并没有发生实质性的变化。

2.3.6.3 不相交互法

（1）网络系统中极小路集数

使用极小路集法求复杂网络系统的可靠性时，首先要求出该网络系统中极小路集的数目，目前求解系统极小路集的主要方法有布尔行列式法、邻接矩阵法。

举例说明布尔行列式法求解网络系统极小路集数。建立桥式网络系统见图2-11：

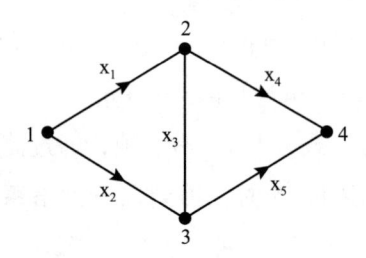

图2-11 桥式网络系统

建立系统 S 的联接矩阵 K，共有 l 个节点，则矩阵 K 为 n 阶矩阵，$K = [k_{ij}]$，i 和 j 表示网络系统的节点编号，则有 $1 \leq i, j \leq l$，若没有"弧"直接连通 i，j 两节点，则记 $k_{ij} = 0$；若有"弧"直接连通 i，j 两节点，则记 $k_{ij} = x$；若 $i = j$，即为同一节点时，显然 $k_{ij} = 0$，见图2-12。

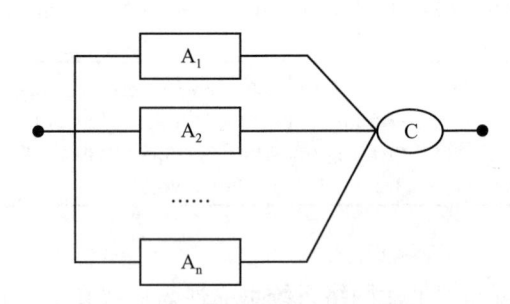

图2-12 表决系统可靠性关联图

2 煤炭物流运输网络及网络可靠性分析

$$K = \begin{matrix} 0 & x_1 & x_2 & 0 \\ 0 & 0 & x_3 & x_4 \\ 0 & x_3 & 0 & x_5 \\ 0 & 0 & 0 & 0 \end{matrix}$$

构建一个 l 阶的单位矩阵，与矩阵 K 相加，得到矩阵 S，去掉矩阵 S 的第一列与第 l 行，得到行列式 B，再将其展开为布尔积的和，它的各项即为网络系统 S 从源点到汇点的各条极小路集，以图 2 – 12 所示网络系统为例，将矩阵 K 以上述算法展开可得：

$$B = x_1 x_3 x_5 + x_2 x_3 x_4 + x_1 x_4 + x_2 x_5 \tag{2.7}$$

式（2.7）中 $x_1 x_3 x_5$，$x_2 x_3 x_4$，$x_1 x_4$，$x_2 x_5$ 为图 2 – 12 所示桥式网络系统的所有极小路集。

用邻接矩阵法求系统 S 的极小路集数方法如下：

定义：$K_1 = (K^{(1)}_{ij})_{n \times n}$，其中

$$K^{(1)}_{ij} = \begin{cases} 0, & \text{无"弧"直接连通} \\ X, & \text{通过"弧"} x \text{联通} \end{cases}$$

$K^{(1)}_{ij}$ 表示由节点 i 与节点 j 之间由一条"弧"。

定义：$K_r = (K^{(r)}_{ij})_{n \times n}$，其中

$$K^{(1)}_{ij} = \begin{cases} \sum_{c=1}^{n} c_{ik} c_{kj}^{(r-1)}, & \text{若 } i \neq j \\ 0, & \text{若 } i = j \end{cases}$$

其中，r = 2, 3, ⋯, $\sum_{c=1}^{n} c_{ik} c_{kj}^{(r-1)}$ 表示表示从所有从节点 i 到节点 j 经过 r 条"弧"的极小路。需注意的是 $K^{(r)}_{ij}$ 中若有相交"弧"出现，则应记该项为 0；由于任意两节点之间的长度小于 n，因此 $K^{(n)}$ 等于 0。对于一般的网络系统而言，求出从源点到汇点的极小路集数即可。其计算方法为计算 K^1，从中将 K^1 中的各第 j_0 列 $(k)_{j_0}$ 列为一个矩阵，然后左乘 $(k)_{j_0}$，逐次下去，得到每个矩得到每个矩阵的各第 i0 行元素即为节点 i 到 j 的全部极小路集。以图 2 – 11 为例，

$$K^1 = \begin{pmatrix} 0 & x_1 & x_2 & 0 & 0 \\ 0 & 0 & x_3 & x_4 & \\ 0 & x_3 & 0 & x_5 & \\ 0 & 0 & 0 & 0 & 0 \end{pmatrix} \quad 得\ (K^1)_4 = \begin{pmatrix} 0 \\ x_4 \\ x_5 \\ 0 \end{pmatrix}$$

$$(K^2)_4 = \begin{pmatrix} x_1 x_4 + x_2 x_5 \\ \vdots \end{pmatrix} \quad (K^3)_4 = \begin{pmatrix} x_1 x_3 x_5 + x_2 x_3 x_4 \\ \vdots \end{pmatrix}$$

取 $(K^2)_4$、$(K^3)_4$ 中第一行的元素，即为从节点 1 到节点 4 的极小路集，分别是 $x_1 x_4$、$x_2 x_5$、$x_1 x_3 x_5$ 和 $x_2 x_3 x_4$。

（2）不相交互法

容斥原理法原理简单、容易理解、易于实现编程，在早期研究网络系统可靠性问题时较为重视，但当网络系统的极小路集数较多时，采用容斥原理法计算可靠性过于繁琐，算法效率急剧下降，对网络系统极小路集进行不交化运算，将原本相交事件概率的和化为独立事件概率的和的形式，是目前应用最为广泛的一种方法。

采用不相交互法是将求解出的全部极小路集进行不交化处理，

①通过布尔行列式法或邻接矩阵法求出极小路集，若极小路集数为 m，记

$$f = \sum_{i=1}^{m} L_i \qquad (2.8)$$

②对于长度为 n-1 的极小路集进行不交化处理。处理方法：在这些极小路中添加 t-n+1（t 为"弧"数）条未出现的"弧"的逆（用 x′表示 x 的逆），即可得到不相交化结果。如图 2.7 所示网络系统中长度为 n-1 的极小路集为 $X_1 X_3 X_5$ 和 $X_2 X_3 X_4$，对于 $X_1 X_3 X_5$ 而言，未出现的"弧"为 x_2 和 x_4，那么其不交化结果为 $X_1 X_3 X_5 X_2' X_4'$（X_2'、X_4' 是 X_2、X_4 的逆）。

③对其他极小路集进行不交化处理。处理方法：设 $\cup_{i=1}^{r} A_i$ 为长度小于 n-1 的极小路集的集合，其可表示为 $\cup_{i=1}^{r} A_i = A_1 + A_1' \cup_{i=2}^{r} A_i$，其可靠性为 $P(\cup_{i=1}^{r} A_i) = P(A_1) + P(A_1' \cup_{i=2}^{r} A_i)$，整理化简后得 $A_1' \cup_{i=2}^{r} A_i$，用递推法逐次分解，最后求和获得系统总的可靠性。

2.3.6.4 计算方法分析

前面的讨论曾指出，网络可靠性从宏观上分为两种类型：二态网络可靠性和多态网络可靠性；针对每种类型的网络可靠性，人们都提出了多种可靠性评估方法，下面对这些可靠性方法进行分析介绍。

（1）二态网络可靠性方法

从宏观的角度，二态网络可靠性方法分为精确算法和近似算法。精确算法主要包括状态枚举法，容斥原理法，不交和法，因子分解法和二元决策图法。网络构成单元的所有状态组合构成网络的状态空间，状态枚举法是计算网络可靠性最简单的方法，它需要对状态空间中的状态向量逐一进行枚举，所以时间复杂度很高。在网络极小路/极小割的基础上，容斥原理法将网络可靠性表示成随机事件的，并再利用容斥公式计算可靠性。

与容斥原理法类似，在网络极小路/极小割的基础上，不交和法首先将网络可靠性表示成随机事件的逻辑运算，然后利用概率公式求得可靠性值。注意到容斥原理法和不交和法受网络极小路/极小割数量的影响较大。因子分解算法的基本思想是把网络可靠性问题拆分为两个子问题。因子分解算法每次选择网络中的一个构成单元，按照其可靠性与不可靠性逐步对网络进行分解，经过不断循环迭代获得网络可靠性。因子分解算法的最大不足是每次只对一条边的状态进行分解，因此在可靠性计算过程中需要执行大量次数的分解过程。作为布尔代数的一种图形表示形式，二元决策图能直观地反映网络与构成单元之间的逻辑结构，但注意到二元决策图法受变量排序的影响很大。

为了解决精确算法中的"组合爆炸"问题，一些学者对二态网络可靠性近似算法进行了研究，比较常见的近似算法包括定界法，蒙特卡罗法，神经网络法等。定界法主要是基于"截尾"的思想剔除不满足要求的关系项，最后根据剩下的关系项求得可靠性的近似值或可靠性的上、下界。定界法的计算效率受给定的精度要求影响较大，蒙特卡罗法是以数理统计的理论和方法为基础的一种计算方法，蒙特卡罗法将所需求解的可靠性问题同某个概率模型联系在一起，在计算机上进行随机模拟，以获得可靠性的近似值。因此，该方法又称随机模拟法或统计试验法。需要注意的是，蒙特卡罗法通常需要执行大规模的模拟运算。神经网络法主要基于神经网络的自适应机制与学习能力来开展运算，它受网络结构和选取样本精度影响较大。

（2）多态网络可靠性方法

同二态网络可靠性方法一样，多态网络可靠性方法也分为精确算法和近似算法。相对于二态网络，多态网络的结构函数和状态空间更加复杂，从而多态网络可靠性的精确算法通常需要花费大量的计算时间，而近似算法只是求得满足精度要求的可靠性值，所以花费的计算时间也相对较少。精确算法主要包括状态枚举法，随机过程法，多值决策图法，通用生成函数法，状态空间分解法以及多态极小路/多态极小割法。

状态枚举法也是计算多态网络可靠性最简单的一种方法，但由于多态网络状态空间的复杂性，该方法的计算效率非常低。随机过程法较早就应用于多态网络可靠性分析，鉴于网络构成单元的状态组合数随着网络规模增大急剧提高，随机过程法通常只适用于分析规模较小的多态网络。作为二元决策图的一个自然扩展，多值决策图把多值逻辑函数表示成一个有根、无循环的有向图，是一种分析多态网络性能的有效工具。当网络规模较大时，多值决策图法在可靠性计算过程中会占用很大的运行空间。乌沙科夫（Ushakov）[146, 147]最先给出通用生成函数的概念，后来，里尼斯科（Lisnianski）和列维京等人（Levitin et al.）[80, 81]将该概念应用到多态网络可靠性分析。注意到，通用生成函数法的效率虽然很高，但它适用于分析结构简单或结构特殊的网络，譬如串联结构的网络、并联结构的网络。状态空间分解法的基本思想是把满足要求的所有状态组合从状态空间中剥离出来，然后计算可靠性。多态极小路/多态极小割是极小路/极小割在多态网络中的扩展，常被用来计算多态网络可靠性。该方法的核心是求解网络的多态极小路/多态极小割。需要指出的是，多态极小路方法是本书研究的一个重点。

多态网络可靠性近似算法与二态网络可靠性近似算法本质上没有什么不同，因此，常见的多态网络可靠性近似算法也包括定界法，蒙特卡罗法，神经网络法。这三种方法前面已经详细介绍过了，这里不再赘述。为了更清楚地了解各种网络可靠性方法，对这些方法进行了汇总，并指出了每一种算法的优点和缺点见表2-3。

表 2-3　　　　　　　　　可靠性评估方法

类型	二态网络可靠性方法	优缺点	多态网络可靠性方法	优缺点
精确算法	状态枚举法	算法简单，但时间复杂度高	状态枚举法	算法简单，但时间复杂度高
	容斥原理法	算法简单，易理解，但受网络拓扑结构影响较大	随机过程法	算法应用性广，但只适用于分析规模较小的网络
	不交和法	算法简单，但受网络拓扑结构影响较大	多值决策图法	计算效率高，但占用较大的运行空间
	因子分解法	思想简单，易理解，但分解效率不高	通用生成函数法	计算效率高，但只适用于分析结构简单或结构特殊的网络
	二元决策图法	能直观反映网络与构成单元之间的逻辑结构，但受变量排序的影响较大	状态空间分解法	计算效率高，但受网络拓扑结构影响较大
	—	—	多态极小路/多态极小割法	算法简单，具有明确的理论基础，但受网络拓扑结构影响较大
近似算法	定界法	算法思想简单，但计算效率受精度要求的影响较大	定界法	算法思想简单，但计算效率受精度要求的影响较大
	蒙特卡罗法	简单，易实现，但模拟运算量较大	蒙特卡罗法	简单，易实现，但模拟运算量较大
	神经网络法	具有很强的非线性拟合能力，易实现，但受网络结构复杂性和选取样本精确度的影响较大	神经网络法	具有很强的非线性拟合能力，易实现，但受网络结构复杂性和选取样本精确度的影响较大

需要注意的是，可靠性方法始终处于网络可靠性研究的中心，简单、高效的可靠性方法有助于快速、精确地实现对网络性能的定量评估，也是开展可靠性相关研究工作的基础。因此，本书一方面侧重于可靠性评估方法的理论研究，另一方面也侧重于可靠性方法的应用研究，以体现理论方法与实践应用相结合的价值。

2.4 可靠性分析的基本理论

2.4.1 连通可靠性分析中的基本概念

如前所述，极小路和极小割的概念是连通可靠性分析中最基本的概念，刻画了网络中的源点与汇点之间是否存在最简单的通路。前面给出的是描述性的定义，为了后面讨论方便，下面完整给出极小路和极小割的标准定义形式。

定义 2.1：一条极小路是由网络中的边组成的集合，集合中的边构成一条从源点 s 到汇点 t 的通路，但去掉集合内的任何一条边，剩下的边都不能构成一条从源点 s 到汇点 t 的通路。

定义 2.2：一个极小割是由网络中的边组成的集合，当把集合内的所有边从网络中删去后，网络中就不存在从源点 s 到汇点 t 的通路；否则，网络中就存在从源点 s 到汇点 t 的通路。

极小路（极小割）是图论中最基本的概念，在网络连通可靠性分析中具有重要的作用。例如，$\{e_1, e_4\}$，$\{e_2, e_5\}$，$\{e_1, e_3, e_5\}$ 是网络所有的极小路；而 $\{e_1, e_2\}$，$\{e_4, e_5\}$，$\{e_1, e_5\}$，$\{e_2, e_3, e_4\}$ 是网络所有的极小割，见图 2-13。

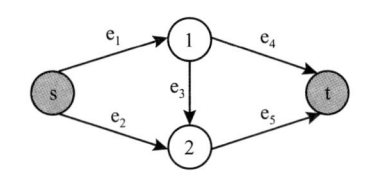

图 2-13　一个简单网络

在连通可靠性分析中，网络的每条边只有两种状态：工作状态（或连通状态）和失效状态（或中断状态），且通常用 1 表示边的工作状态，用 0 表示边的失效状态。在本书中，我们用 x_i 表示边 e_i 的状态，则 x_i 具有如下的表示形式：

$$x_i = \begin{cases} 0 & 边\ e_i\ 处于失效状态 \\ 1 & 边\ e_i\ 处于工作状态 \end{cases}$$

在后面章节的讨论中，我们把所有边的状态组成的向量称为网络状态向量，且用 x 来表示网络状态向量，即 $x = (x_1, x_2, \cdots, x_m)$。因此，网络状态向量既指明网络中每条边当前的状态，又表明整个网络的状态特征。下面的几个概念在后面章节的讨论中将经常用到。

定义 2.3：称状态向量 x 是可行状态向量，如果网络 G 在 x 下至少存在一条极小路（即网络的源点 s 与汇点 t 在 x 下连通）。

定义 2.4：称状态向量 x 是不可行状态向量，如果网络 G 在 x 下至少存在一个极小割（即网络的源点 s 与汇点 t 在 x 下不连通）。

定义 2.5：给定状态向量集合 X，如果（1）X 中的状态向量全部是可行状态向量，则称 X 为可行状态向量集；（2）X 中的状态向量全部是不可行状态向量，则称 X 为不可行状态向量集；（3）X 既不是可行状态向量集，又不是不可行状态向量集，则称 X 为不确定状态向量集。

2.4.2　网络的删边与缩边

如果网络中某条边的状态是已知的，则可以根据其状态信息对网络进行删边和缩边操作，而这种操作不会影响网络的连通可靠性，同时又有助于确定网络中的特殊拓扑结构。所谓删边是指从网络中把选定的某条边删除，而缩边是指把选定的某条边删除的同时，把该条边的两个端点合并成一个节点。当某条边的状态为 0 时，删边不影响原网络的连通性；当某条边的状态为 1 时，缩边也不影响原网络的连通性[77]。对这两种操作的具体解释见图 2－14，且删边和缩边后的子网络分别用 G_{-i} 和 $G_{\times i}$ 来表示。在图 2－14 中，如果已知边 e_1 的状态 $x_1 = 0$，则意味着边 e_1 当前处于中断状态。因此，把边 e_1 从网络中删去以后不影响网络的连通性；而如果已知边 e_1 的状态 $x_1 = 1$，则意味着边 e_1 当前处于连通状态，此时从节点 s 经过边 e_1 能够到达节点 1，故删去边 e_1 后把点 s 与点 1 合并为一个点不影响网络的连通性。

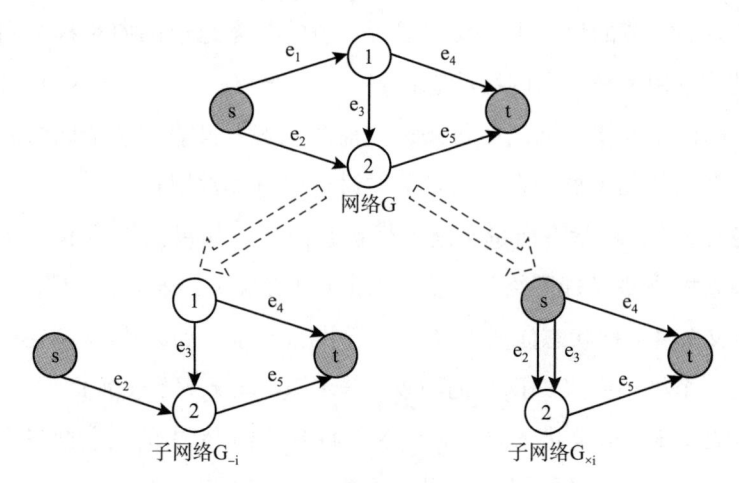

图 2－14 对边 e_1 的两种操作：删边和缩边

另外需要指出的是，经过删边和缩边操作，在得到的子网络中，如果某个节点出现自循环边，根据连通性的定义，删去该自循环边不会改变网络的连通可靠性；同样的道理，删去指向源点 s 的边也不会改变网络的连通性，注意到这里的删边和前面的删边操作是不一样的，这里不考虑该条边的状态。

2.4.3 能力可靠性分析中的基本概念

在网络能力可靠性分析中,网络通常被看作是一个随机流网络或多态网络。在网络中,每条边的状态是一个随机变量,代表该边的随机容量(或承载能力)。如前所述,多态极小路方法是计算能力可靠性最常见的一种方法,其核心是求解网络所有的多态极小路,下面将对其相关概念给予介绍。

另外,为了更直观地体现网络的容量水平,多态极小路常常称作 d - 极小路,其中 d 代表网络的容量水平。因此,在后面的讨论中,我们统一把多态极小路称作 d - 极小路,d - 极小路的定义主要有两种形式。

定义 2.1:给定网络的容量水平 d,网络状态向量(或容量向量) $x = (x_1, x_2, \cdots, x_m)$ 是 d - 极小路,当且仅当下面的两个条件成立:

①$M(x) = d$;

②对于所有小于 x 的容量向量 y 有 $M(y) < d$;

其中,$M(x)(M(y))$ 表示网络在 $x(y)$ 下的最大流量(即容量)。根据定义 2.1,d - 极小路实际上是满足容量水平为 d 的最小容量向量。虽然该定义阐明了 d - 极小路的直观含义,但在具体分析中则通常使用另外一种定义形式。

定义 2.2:给定网络的容量水平 d,状态向量(或容量向量) $x = (x_1, x_2, \cdots, x_m)$ 是 d - 极小路,当且仅当下面的两个条件成立:

①$M(x) = d$;

②对于所有满足 $x_i > 0$ 的边,有 $M(x - 0(e_i)) < d$,其中,$0(e_i) = (0, \cdots, 0, 1, 0, \cdots, 0)$,即边 e_i 的容量为 1,其他边的容量都为 0;

定义 2.2 的第二个条件实际上说明,对于容量大于 0 的边,当该边的容量减 1 时就会导致整个网络的最大流量减少。

费用约束下的能力可靠性可以通过满足费用约束的多态极小路来计算。给定网络容量水平 d 和费用约束 c,费用约束的多态极小路通常称作（d，c）-极小路，下面给出（d，c）-极小路的完整定义。

定义 2.3：状态向量（或容量向量）$x = (x_1, x_2, \cdots, x_m)$ 是（d，c）-极小路，当且仅当 x 满足下面三个条件：

① $M(x) = d$；

② 对于所有满足 $x_i > 0$ 的边，有 $M(x - 0(e_i)) < d$，其中，$0(e_i) = (0, \cdots, 0, 1, 0, \cdots, 0)$，即边 e_i 的容量为 1，其他边的容量都为 0；

③ $C(x) = \sum_{i=1}^{m} x_i C_i \leq c$。

对比 d-极小路的定义可以看出，（d，c）-极小路在 d-极小路定义的基础上多加入了一个约束条件 $C(x) = \sum_{i=1}^{m} x_i C_i \leq c$，因此，（d，c）-极小路可看做是特殊的 d-极小路，即满足费用约束的 d-极小路。

2.4.4 容斥定理和不交和公式

当网络 d-极小路（满足费用约束的 d-极小路）确定以后，则能力可靠性 R_d（费用约束下的能力可靠性 $R_{(d,c)}$）就可以通过容斥定理公式或不交和公式来计算。下面先介绍容量向量之间的比较运算规则。

定义 2.4：给定 $x = (x_1, x_2, \cdots, x_m)$ 和 $y = (y_1, y_2, \cdots, y_m)$，$x \geq y$ 是指对于 $i = 1, 2, \cdots, m$ 都有 $x_i \geq y_i$ 成立。

定义 2.5：给定 $x = (x_1, x_2, \cdots, x_m)$ 和 $y = (y_1, y_2, \cdots, y_m)$，$x > y$ 是指 $x \geq y$，且至少存在一个 j，$1 \leq j \leq m$，满足 $x_j > y_j$ 成立。

例如，给定 $x = (2, 2, 1)$ 和 $y = (1, 2, 1)$，根据定义有 $x \geq y$，且 $x > y$。给定 $x = (2, 1, 1)$ 和 $y = (1, 2, 0)$，则 x 与 y 之间不存在上面的两种关系。

能力可靠性 R_d 的定义为：网络在一定条件下能够把 d 单位的网络流量从源点 s 成功输送到汇点 t 的概率，因此 $R_d = \Pr\{x \mid M(x) \geq d\}$。假设 $x^1, x^2, \cdots, x^\lambda$ 为网络所有的 d-极小路，令 $A_1 = \{x \mid x \geq x^1\}$，$A_2 =$

$\{x \mid x \geqslant x^2\}$，…，$A_\lambda = \{x \mid x \geqslant x^\lambda\}$。则有

(1) 容斥定理公式

$$R_d = \Pr\{x \mid M(x) \geqslant d\}$$
$$= \Pr(A_1 \cup A_2 \cup \cdots \cup A_\lambda)$$
$$= \sum_{i=1}^{\lambda} \Pr(A_i) - \sum_{j=2}^{\lambda} \sum_{i=1}^{j-1} \Pr(A_i \cap A_j) + \cdots + (-1)^{\lambda-1} \Pr(A_1 \cap A_2 \cap \cdots \cap A_\lambda) \quad (2.9)$$

其中，$\Pr\{A_i\} = \Pr\{x \mid x \geqslant x^i\} = \prod_{k=1}^{m} \Pr\{x_k \geqslant x_k^i\}$，$\Pr\{A_i \cap A_j\}$

$$= \Pr\{x \mid x \geqslant \max\{x^i, x^j\}\}$$
$$= \prod_{k=1}^{m} \Pr\{x_k \geqslant \max\{x_k^i, x_k^j\}\}，\cdots，\Pr(A_1 \cap A_2 \cap \cdots \cap A_\lambda)$$
$$= \Pr\{x \mid x \geqslant \max\{x^1, x^2, \cdots, x^\lambda\}\}$$
$$= \prod_{k=1}^{m} \Pr\{x_k \geqslant \max\{x_k^1, x_k^2, \cdots, x_k^\lambda\}\}。$$

(2) 不交和公式

$$R_d = \Pr\{x \mid M(x) \geqslant d\}$$
$$= \Pr(A_1 \cup A_2 \cup \cdots \cup A_\lambda)$$
$$= \Pr(A_1 \cup (A_2 - A_1) \cup \cdots \cup (A_q - \cup_{j=1}^{\lambda-1} A_j))$$
$$= \sum_{i=1}^{\lambda} \Pr(B_i) \quad (2.10)$$

其中，$B_1 = A_1$，$B_i = A_i - \cup_{j=1}^{i-1} A_j$，$i = 2, 3, \cdots, \lambda$，$\Pr(B_i) = \sum_{x \in B_i} \Pr(X)$，$\Pr(x) = \prod_{k=1}^{m} \Pr(x_k)$。

计算可靠度的最常见算法是不交和算法。基于极小路，下面给出一个计算网络可靠度的有效算法，该算法本质上仍属于不交和布尔代数法。该算法的特点是，结合概率论的有关知识以及布尔代数运算，递归地调用一个简单、有效的概率公式来计算网络可靠度。同时，本算法既可以用来计算网络的二终端可靠度，也可以用来计算网络的 k - 终端可靠度和全终端可靠度。

设 $P_1, P_2, \cdots, P_m$ 是网络 $G(V, E)$ 中由源点 s 到汇点 t 的所有极小路，则网络 G 的两终端可靠度为：

$$R_{s,t}(G) = \Pr(P_1 + P_2 + \cdots + P_m) \quad (2.11)$$

为了计算上式，由不交化公式（2.10）可得：

$$P_1 + P_2 + \cdots + P_m = P_1 + \overline{P_1}P_2 + \overline{P_1P_2}P_3 + \cdots + \overline{P_1P_2\cdots P_{m-1}}P_m \quad (2.12)$$

式（2.12）中各项是不交的，从而有：

$$R_{s,t}(G) = \Pr(P_1) + \Pr(\overline{P_1}P_2) + \Pr(\overline{P_1P_2}P_3) + \cdots + \Pr(\overline{P_1P_2\cdots P_{m-1}}P_m) \quad (2.13)$$

由此可见，在不交化的基础上很容易计算网络的可靠度。为了简化式（2.13）的计算，下面给出不交和定理。

不交和定理：如果 P_i，P_j 包含一些共同元素，则 $\overline{P_iP_j} = \overline{P_i - P_j}P_j$，$P_i - P_j$ 表示 P_i 具有而 P_j 没有的元素的布尔积。

运用不交和定理，可以简化式（2.13）为：

$$\begin{aligned} R_{s,t}(G) &= \Pr(P_1) + \Pr(\overline{P_1}P_2) + \Pr(\overline{P_1P_2}P_3) + \cdots + \Pr(\overline{P_1P_2\cdots P_{m-1}}P_m) \\ &= \Pr(P_1) + \Pr(\overline{P_1 - P_2}P_2) + \Pr(\overline{P_1 - P_3P_2 - P_3}P_3) + \cdots + \\ &\quad \Pr(\overline{P_1 - P_mP_2 - P_m\cdots P_{m-1} - P_m}P_m) \\ &= \Pr(P_1) + \Pr(\overline{P_1 - P_2})\Pr(P_2) + \Pr(\overline{P_1 - P_3P_2 - P_3}) \\ &\quad \Pr(P_3) + \cdots + \Pr(\overline{P_1 - P_mP_2 - P_m\cdots P_{m-1} - P_m})\Pr(P_m) \quad (2.14) \end{aligned}$$

由概率论的有关知识可知，如果 $P_1 - P_i$，$P_2 - P_i$，$\cdots$，$P_{i-1} - P_i$ 相互独立，则

$$\Pr\left(\prod_{j=1}^{i-1}\overline{P_j - P_i}\right) = \prod_{j=1}^{i-1}\Pr(\overline{P_j - P_i})$$

于是，式（2.14）可变为如下形式：

$$\begin{aligned} R_{s,t}(G) &= \Pr(P_1 + P_2 + \cdots + P_m) \\ &= \Pr(P_1) + \Pr(\overline{P_1 - P_2})\Pr(P_2) + \\ &\quad \sum_{i \in X}\prod_{j=1}^{i-1}\Pr(\overline{P_j - P_i})\Pr(P_i) + \\ &\quad \sum_{i \in Y}\prod_{j \in Y_i}\Pr(\overline{P_j - P_i})\Pr(P_i)\Pr\left(\prod_{j \in \{\{1,\cdots,i-1\}-Y_i\}}\overline{P_j - P_i}\right) \quad (2.15) \end{aligned}$$

其中，$X = \{i \mid P_1 - P_i, P_2 - P_i, \cdots, P_{i-1} - P_i \text{ 相互独立}, 3 \leq i \leq m\}$，

$Y = \{\{3, \cdots, m\} - X\}$，

$Y_i = \{i_1, i_2, \cdots, i_j \mid P_{i_1} - P_i, P_{i_2} - P_i, \cdots, P_{i_j} - P_i \text{ 相互独立}$ $(1 \leq i_j \leq i-1)$，且与其他 $P_k - P_i$ 也相互独立 $(1 \leq k \leq i-1, k \neq i_1, i_2, \cdots, i_j)\}$。

由式（2.15）可知，只要能有效地计算出 $\Pr(\prod_{j \in \{\{1, \cdots, i-1\} - Y_i\}} \overline{P_j - P_i})$ 的值，便可容易地得到 $R_{s,t}(G)$ 的值。

由摩根律知：$\Pr(\prod_{j \in \{\{1, \cdots, i-1\} - Y_i\}} \overline{P_j - P_i}) = 1 - \Pr(\sum_{j \in \{\{1, \cdots, i-1\} - Y_i\}} \overline{P_j - P_i})$

令 $B_j = \overline{P_j - P_i}$，则 $\Pr(\sum_{j \in \{\{1, \cdots, i-1\} - Y_i\}} \overline{P_j - P_i}) = \Pr(\sum_{j \in \{\{1, \cdots, i-1\} - Y_i\}} B_j)$

由此可见，计算 $\Pr(\prod_{j \in \{\{1, \cdots, i-1\} - Y_i\}} \overline{P_j - P_i})$ 实际上又转化为计算一个形如式（2.11）的概率，从而可以递归地调用式（2.15）来计算。

经过上面的讨论可得计算网络可靠度的算法，算法的具体步骤为：

步骤1 把初始网络图经过串、并联化简得到不可约图。

步骤2 求不可约图的极小路，可以采用邻接矩阵法求出不可约图的所有极小路 P_i，且把极小路按模 $|P_i|$ 从小到大排列。

步骤3 求出所有的 $P_j - P_i$，且把 $P_j - P_i$ 按模 $|P_j - P_i|$ 从小到大排列，$(1 \leq j \leq i-1; i = 2, 3, \cdots, m)$。

步骤4 利用吸收规则化简 $\prod_{j=1}^{i-1} \overline{P_j - P_i}$。设化简后为 $\prod S_j$。

步骤5 判定 $\prod S_j$ 中 S_j 之间的独立性。

如果 $S_j (1 \leq j \leq i-1)$ 相互独立，则直接计算 $\prod \Pr(S_j)$；

否则，设 $\prod S_j = \prod S_{j_1} \prod S_{j_2}$，其中 $S_{j_1} (2 \leq j_1 \leq i-1)$ 相互独立，且与 $S_{j_2} (S_{j_1} \neq S_{j_2}, 2 \leq j_2 \leq i-1)$ 也相互独立。转步骤3计算 $\Pr(\prod S_{j_2})$。

步骤6 输出结果 $R_{s,t}(G)$。

需要指出的是，不交和方法的效率通常要高于容斥定理方法的效率，而不交和方法的一些改进方法可参见文献［148－150］。同样地，如果知道网络中所有的（d，c）-极小路为 x^1，x^2，…，x^λ，则费用约束下的能力可靠性 $R_{(d,c)}$ 仍然根据式（2.8）或式（2.9）来计算。

2.5　本 章 小 结

网络化是当代社会最显著的特征。与人们日常生活息息相关的交通、物流、通信、计算机、电力都正在逐步形成一个网络化的服务体系，对于煤炭物流来说，亦是如此。煤炭物流的网络化是煤炭物流发展的必然趋势。本章在分析和总结物流网络的概念以及煤炭物流的内涵与特性的基础上，详细阐明了煤炭物流运输网络的概念，并对煤炭物流运输网络的结构特征进行了分析研究。

煤炭物流运输网络是一个复杂的、开放的网络系统，由于货物承载量大、输送距离远、物流节点多等特征，其运效率易受各种不确定因素的影响，这使得煤炭物流运输网络的服务水平具有很大的波动性和随机性。可靠性是网络随机性能水平的外在表现，是开展网络性能评估的有力工具。本章从可靠性概念、可靠性评价指标、可靠性影响因素分析、可靠性评估方法四个方面对煤炭物流运输网络可靠性问题进行了综合评述和分析，明确了可靠性概念的内涵、可靠性评价指标的类型、可靠性影响因素的特征以及各种可靠性方法的特点。

3

煤炭物流运输网络连通可靠性
分析及运输边重要性度量

3.1 引　　言

　　煤炭作为我国重要的基础能源，在我国能源消费结构中长期占据不可替代的地位。一方面，我国煤炭分布极不均衡，商品煤产区集中在以山西为中心的北方产区，以山东、两淮为中心的华东产区，以贵州为中心的西南产区以及东北产区；另一方面，我国区域经济发展极不均衡，煤炭产区的经济相对比较落后，煤炭需求量小，而经济较为发达的东部沿海和南方地区是煤炭的主要消费地，煤炭消费量巨大。这两个不均衡导致我国煤炭运输基本上形成长距离运输的格局，同时也决定了煤炭运输需要依靠铁路、公路、海运和内河运输，进行"北煤南运""西煤东调""铁海联运"的煤炭运输模式。据统计我国煤炭运输就占全国铁路和水路年货运总量的40%左右，因此，煤炭物流在我国流通领域中已占据重要位置。

　　煤炭商品的高效流动离不开煤炭物流，煤炭物流不仅关系着煤炭行业自身的生存与发展，而且也关系着众多上下游行业的生存与健康发展，譬如，火电行业、冶金行业、建材行业、化工行业等等。煤炭物流除了具有一般商品物流的功能和作用之外，其自身还有许多特殊的属性。特别地，煤炭物流的运输路线相对比较固定，且运输线承担的流通货物量相当庞大，正因为如此，当运输线上的某条运输边发生故障时，可替代的有效路线非常有限，从而会影响整个物流运输网络的服务效率和服务水平。在现实的煤炭运输过程中，人们常常关心的是煤炭物资能否顺利运达目的地，而运输路线的连通性显然是最基本、最重要的条件。

实际上，连通性是网络维持所有性能水平的基础，因为只有在网络保持连通的条件下来讨论网络的性能水平才有意义。连通可靠性本质上反映了煤炭物流运输网络的拓扑结构在随机性因素影响下支撑网络正常运行的能力[75,76]，因此，连通性与网络的物理拓扑结构有着极其密切的联系。第二章曾指出，两终端连通可靠性是网络最基本、最重要的连通性指标，其定义是指网络中指定的源点 s（代表起点或出发地）和汇点 t（代表终点或目的地）之间至少存在一条有效通路（或有效线路）的概率。本章重点针对两终端连通可靠性问题展开研究。

在现有研究中，不交和算法[61-65]和因子分解算法[69-71]是计算两终端可靠性的两种常见算法。不交和算法首先需要搜寻网络中的所有极小路（极小割），然后利用各种不交化方法来计算网络可靠性。由于搜寻极小路（极小割）是 NP 难问题[78,79]，且其数目高达 2^{m-n+2}（2^{n-2}）[79]，其中 m 和 n 分别为网络中边的数目和点的数目，因此，不交和算法的求解效率很低。因子分解算法的基本思想是把原网络可靠性问题分解成两个子网络可靠性问题，通过子网络可靠性计算原网络可靠性[69]。与不交极小路（极小割）算法相比较，因子分解算法无须搜寻网络所有极小路（极小割），因此具有较高的求解效率。但注意到该算法每次仅基于一条边展开分解，从而多数情况下需要大量的分解次数。文献[76]提出的算法虽然每次可以分解多条边的概率，但在分解过程中没有充分利用获知的相关信息，因此，当网络具有特殊的拓扑结构时，算法的分解效率仍然较低。

文献［70］的研究表明，网络化简是降低计算复杂度最有效的途径之一。网络化简的复杂度为多项式时间，而化简后的网络的拓扑结构能够得到极大简化，从而能够显著提高可靠性计算的效率。如何将网络化简方法与状态空间分解方法结合起来建立高效的可靠性算法将是本章研究的重点。本章提出一种计算网络两终端可靠性的快速分解算法。首先，算法根据求解过程中产生的状态信息，通过删边与缩边两种操作对网络进行缩减；其次，算法在缩减后的网络中搜索特殊的拓扑结构：即串联结构、并联结构和1度点结构，在保持网络可靠性不变的条件下，根据网络特殊的拓扑结构对网络进行化简；最后，算法采用向量集分解技术对化简后的网络所对应的状态向量空间进行分解，使得可行状态向量集被分离出来。以上求解过程循环交替进行下去，直到求得网络所有的可行状态向量集，而网络两终端可靠性就等于所有可行状态向量集的概率和。

本章通过具体的算例分析对提出的算法的计算效率进行了检验，结果表明，算法在网络两终端可靠性评估方面具有明显的效率优势。为了展示提出的可靠性方法的应用性和实用性，本章把山西晋煤集团宏圣煤炭物流贸易公司所属的煤炭物流运输网络作为实例分析对象，对其连通可靠性进行了评估分析，并从管理者的角度解释了网络可靠性所蕴含的管理含义，对保持网络连通可靠性水平提供了相关建议。

在可靠性分析中，如何衡量网络构成单元（网络运输边）在整个网络中的重要性也是一个极其重要的问题。网络可靠性从定量的角度刻画了网络的整体性能水平，当提高网络中某个构成单元的可靠性（工作状态概率）时，网络的性能水平能够得到显著提高，则该构成单元对于整个网络来说是重要的。本章建立了度量网络构成单元重要性的数量指标，称该指标为构成单元的重要度，并给出了计算重要度的理论公式。最后，针对宏圣煤炭物流贸易公司所属的煤炭物流运输网络，本章计算了各条运输边的重要度,并对计算的结果进行了详细分析讨论。特别地,企业管理者尤其要重视综合重要度高的运输边,并优先考虑提高这些运输边自身的可靠性,这样才能有效地提升整个网络的可靠性水平。另外,当网络中存在多个起点和终点时,从网络整体连通性水平的角度衡量运输边的重要性与从某组具体的(s,t)对连通性水平的角度衡量运输边的重要度是有区别的,因此,管理者在制定网络改进方案时需要注意两者的差别,以便做出最合理的决策方案。

3.2　煤炭物流运输网络的二态网络模型

本章用 G(V, E, Ω) 来表示一个出发地为 s,目的地为 t 的煤炭物流运输网络,V = {s, 1, 2, …, n, t} 表示运输节点的集合,其中源点 s 代表煤炭物资的出发地,汇点 t 代表煤炭物资的需求地(或目的地),而其他节点 1, 2, …, n 则代表该煤炭物流运输网络的中转站、转运中心,或配送中心;E = {e_i | 1 ≤ i ≤ m} 表示运输边的集合(共有 m 条运输边);Ω = {(x_1, x_2, …, x_m) | x_i = 0 或 1,其中 1 ≤ i ≤ m} 表示网络状态向量的全集,其中 x_i 表示运输边 e_i 的状态。在随机因素作用下,网络中各运输边的状态是随机的,且服从一定的概率分布。如第二章所述,在连通可靠性分析时,各条运输边的状态被看作是一个二态随机变量,且相互独立,其中,x_i = 1 代表运输边 e_i 处于连通状态;x_i = 0 代表运输边 e_i 处于中断状态。用 p_i 表示边 e_i 处于连通状态的概率,即有 Pr(x_i = 1) = p_i;用 q_i 表示边 e_i 处于中断状态的概率,即有 Pr(x_i = 0) = q_i,则有 p_i + q_i = 1。

在实际应用中,运输边完全中断通常是小概率事件(比如由于发生地震导致运输线中断),但当某条运输边的运行服务水平低于某个给定的阈值时(例如,由于雨雪天气导致某条运输边的运输时间超过某个值),也认为该运输边处于中断状态。和多数文献一样,本章假设各条运输边的状态概率分布已知，重点是研究如何通过运输边的状态概率来确定整个运输网络的连通可靠性。

网络状态向量 x = (x_1, x_2, …, x_m) 是由各条运输边的状态组成的向量。给定一个网络状态向量，则它既表明了各条运输边当前所处的状态，又表明网络的状态。为了便于理论上的分析，本章把简单网络 G 作为分析对象，该网络代表包含一个煤炭生产地（源点 s）、一个煤炭需求地（汇点 t）、两个中转站（节点 1 和节点 2）的煤炭物流运输网络（见图 3-1）。对于图 3-1 中的网络 G 来说，给定网络状态向量 x = (1, 0, 1, 0, 1)，则它表明网络中的边 e_1，e_3，e_5 处于连通状态，而边 e_2，e_4 处于中断状态。因此，网络 G 在 x 下的状态是连通的，因为网络 G 在 x 下存在一条从源点 s 到汇点 t 的通路 $e_1 \longrightarrow e_3 \longrightarrow e_5$。

用 X 表示网络状态向量的一个集合，则显然它是状态向量空间 Ω 的一个子集。给定一个网络状态向量 x = (x_1, x_2, …, x_m)，则该状态向量的概率为 $\Pr(x) = \prod_{i=1}^{m} \Pr(x_i) = \prod_{i=1}^{m} p_i^{x_i} q_i^{1-x_i}$。例如，对于图 3-1 中的网络，表 3-1 给出了网络中各条边的状态概率。给定网络状态向量 x = (1, 0, 1, 0, 1)，则其概率 $\Pr(x) = 0.90 \times (1-0.90) \times 0.85 \times (1-0.90) \times 0.95 = 0.0072675$。

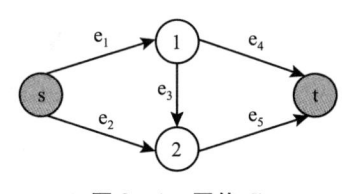

图 3-1 网络 G

表 3.1　　　　　　网络 G 中各边的状态概率

边 e_i	e_1	e_2	e_3	e_4	e_5
连通概率 p_i	0.90	0.90	0.85	0.90	0.95

3.3 基于极小路的网络连通可靠性分析方法

3.3.1 状态向量集的判定

给定状态向量集 $X(\neq \Omega)$，用 $A(X)$ 表示在 X 的所有状态向量中状态是唯一（1 或者 0）的边的集合，同时，用 $A_1(X)$ 表示在 X 的所有状态向量中状态是 1 的边的集合，用 $A_2(X)$ 表示在 X 的所有状态向量中状态是 0 的边的集合，则显然有 $A(X) = A_1(X) \cup A_2(X)$，并且 $A_1(X)$ 和 $A_2(X)$ 是不相交的。

例如，对于图 3.1 中的网络来说，给定状态向量集 $X = \{(x_1, x_2, x_3, x_4, x_5) | x_i = 0$ 或 1 当 $i = 1, 3; x_2 = 0, x_4 = x_5 = 1\}$，则 X 中总共包含 4 个状态向量，即 (0, 0, 0, 1, 1), (0, 0, 1, 1, 1), (1, 0, 0, 1, 1), (1, 0, 1, 1, 1)。因此，集合 $A(X) = \{e_2, e_4, e_5\}$，$A_1(X) = \{e_4, e_5\}$，$A_2(X) = \{e_2\}$。下面的定理表明，可以通过 $A_1(X)$ 和 $A_2(X)$ 来判定状态向量集 X 属于哪种类型。

定理 3.1：给定状态向量集 X，如果 $A_1(X)$ 中的边能组成网络的一条极小路，则状态向量集 X 是可行状态向量集；如果 $A_2(X)$ 中的边能组成网络的一个极小割，则状态向量集 X 是不可行状态向量集；如果 $A_1(X)$ 中的边不能组成网络的一条极小路，且 $A_2(X)$ 中的边不能组成网络的一个极小割，则 X 是不确定状态向量集。

证明：对于任意的状态向量 $x \in X$ 来说，根据 $A_1(X)$ 的定义，当 $A_1(X)$ 中的边能组成网络的一条极小路时，则网络在状态向量 x 下就存在一条极小路，从而 x 是可行状态向量，又因为 x 是 X 中的任意状态向量，所以状态向量集 X 是可行状态向量集。类似地，当 $A_2(X)$ 中的边能组成网络的一个极小割时，则网络在状态向量 x 下就存在一个极小割，从而 x 是不可行状态向量，又因为 x 是 X 中的任意状态向量，所以状态向量集 X 是不可行状态向量集。而当 $A_1(X)$ 中的边不能组成网络的一条极小路，且 $A_2(X)$ 中的边不能组成网络的一个极小割时，显然 x 有可能是可行状态向量，也有可能是不可行状态向量，所以，X 是不确定状态向量集。

根据定义，连通可靠性 R_{st} 是指网络的源点（出发地）s 和汇点（目的地）t 之间至少存在一条通路的概率，因此，根据可行状态向量的定义可得如下的连通可靠性计算公式：

$$R_{st} = \sum_{可行状态向量 x} Pr(x) \tag{3.1}$$

也就是说，如果知道了网络所有的可行状态向量，则可靠性 R_{st} 便很容易求得。给定状态向量集 X，状态向量集的概率 $Pr(X)$ 等于该集合中所有状态向量的概率之和，即 $Pr(X) = \sum_{x \in X} Pr(x)$，而下面的定理则给出了一个计算 $Pr(X)$ 的简单公式。

定理 3.2：令 $Pr(A_1(X)) = \prod_{e_i \in A_1(X)} p_i$，$Pr(A_2(X)) = \prod_{e_i \in A_2(X)} q_i$，则有 $Pr(X) = Pr(A(X)) = Pr(A_1(X))Pr(A_2(X))$。

证明：$Pr(X) = \sum_{x \in X} Pr(x)$

$$= \sum_{x \in X} \prod_{i=1}^{m} p_i^{x_i} q_i^{1-x_i}$$

$$= \sum_{x \in X} \left(\prod_{e_i \in (A - A_1(X) - A_2(X))} p_i^{x_i} q_i^{1-x_i} \prod_{e_i \in A_1(X)} p_i \prod_{e_i \in A_2(X)} q_i \right)$$

$$= \left(\prod_{e_i \in A_1(X)} p_i \prod_{e_i \in A_2(X)} q_i \right) \sum_{x \in X} \prod_{e_i \in (A - A_1(X) - A_2(X))} p_i^{x_i} q_i^{1-x_i}$$

$$= \prod_{e_i \in A_1(X)} p_i \prod_{e_i \in A_2(X)} q_i$$

$$= Pr(A_1(X))Pr(A_2(X))$$

$$= Pr(A(X))$$

在可靠性计算过程中，如果知道网络所有的可行状态向量集，则容易得到下面的关系式：

$$R_{st} = \sum_{X\text{是可行状态向量集}} \Pr(X) \tag{3.2}$$

本章在后面的分析中将引入网络化简方法和状态向量集分解方法，其目的是把网络的可行状态向量集从状态向量空间 Ω 中分离出来，然后根据式（3.2）来计算 R_{st}。

3.3.2 保持可靠性不变的网络化简方法

保持可靠性不变的网络化简在连通可靠性计算中具有重要作用。对于拓扑结构确定的网络，网络化简很容易实现，而化简后子网络的复杂性将显著降低（点和边减少了）[70]，因此，保持可靠性不变的网络化简是提高可靠性计算效率最有效的手段之一。下面介绍三种最常见，同时也是最实用的网络化简规则。

（1）串联边化简

设 e_i 和 e_j 是网络 G 的两条串联边，则 e_i 和 e_j 可以用边 e_k 替代，得到网络 G^*，且满足 $p_k = p_i p_j$，和 $R_{st}(G) = R_{st}(G^*)$。

（2）并联边化简

设 e_i 和 e_j 是网络 G 的两条并联边，则 e_i 和 e_j 可以用边 e_k 替代，得到网络 G^*，且满足 $p_k = 1 - q_i q_j$，$R_{st}(G) = R_{st}(G^*)$。

（3）1 度点化简

在网络中，如果源点 s（汇点 t）的出度（入度）为 1，称源点 s（汇点 t）为 1 度点，则把 s(t) 与其相邻的点合并为一个点，并删去连接的边，得到网络 G^*，且满足 $R_{st}(G) = p_i R_{st}(G^*)$。为了便于理解，这三种网络化简见图 3-2。

需要指出的是，上面以两条串联边（并联边）为讨论对象仅仅为了解释网络化简的思想，当网络中存在多条并联边或多条串联边时，仍然可以按照类似的化简规则对网络进行化简。

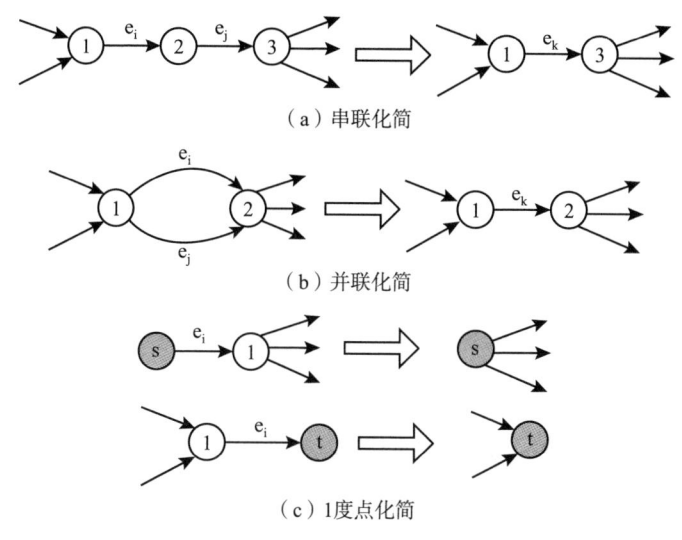

3 煤炭物流运输网络连通可靠性分析及运输边重要性度量

（a）串联化简

（b）并联化简

（c）1度点化简

图 3-2 保持可靠性不变的网络化简

前面介绍过删边和缩边操作，需要注意的是，删边和缩边操作的目的是为了方便寻找网络中存在的串联边、并联边，因为删边、缩边以后的网络更容易确定边之间的串联、并联关系；而串联边化简、并联边化简的目的是为了降低可靠性计算的复杂度，以及寻找从 s 到 t 的最短极小路（后面将会说明）。以上介绍的三种网络化简可以循环、交替进行，直到网络中不存在串联边、并联边、1 度点为止。在这个过程中，串联边化简、并联边化简的先后次序不影响最后的网络化简结果。

3.3.3 状态向量集分解方法

给定状态向量集 X，首先计算 $A_1(X)$ 和 $A_2(X)$，然后根据 $A_1(X)$ 和 $A_2(X)$ 确定 X 的类型。如果 X 是可行状态向量集或不可行状态向量集，则不需要对 X 再进行讨论，否则 X 是不确定状态向量集。对于不确定状态向量集 X 来说，由于 $A_1(X)$，$A_2(X)$ 中的边的状态是已知的，因此，根据 $A_1(X)$ 和 $A_2(X)$ 中的边可以对网络 G 进行缩边和删边处理；对网络 G 进行缩边和删边处理以后，在网络中搜寻串联边、并联边以及 1 度点，并利用前面介绍的网络化简规则进一步对网络实施化简，假设化简以后得到的子网络为 G^*。需要注意的是，此时对应于子网络 G^* 的状态向量集不再是 X。根据网络化简前后各边之间的对应关系得到子网络 G^* 的状态向量集 X^*，显然满足 $A_1(X) = A_1(X^*)$，$A_2(X) = A_2(X^*)$，从而 X^* 仍是不确定状态向量集。然后，利用迪杰斯特（Dijkstra）最短路算法在子网络 G^* 中求得一条从源点 s 到汇点 t 的最短极小路（包含边最少的极小路）MP $= \{e_{z_1}, \cdots, e_{z_\lambda}\}$；最后，基于 MP 中的边，利用状态向量集分解方法便能够从 X^* 中分离出可行状态向量集，而可行状态向量集正是计算连通可靠性所需要的。下面重点讨论状态向量集分解方法。

由于 MP 是子网络 G^* 的极小路，当 MP 中的边的状态为 1 时，MP $\cup$ $A_1(X)$ 便构成原网络的极小路。为了不致混淆，下面仍用符号 X 表示子网络的不确定状态向量集。

给定不确定状态向量集 $X = \{(x_1, x_2, \cdots, x_\sigma) | x_i = 1$ 当 $e_i \in A_1(X)$，$x_i = 0$ 当 $e_i \in A_2(X)$，$x_i = 0$ 或 1 当 $e_i \in (A - A(X))\}$，以及从源点 s 到汇点 t 的最短极小路 MP $= \{e_{z_1}, \cdots, e_{z_\lambda}\}$，X 按如下方式被分解成 $\lambda + 1$ 个子集：

• 以 e_{z_1} 为轴心：

$X^1 = \{(x_1, x_2, \cdots, x_\sigma) | x_i = 1$ 当 $e_i \in A_1(X)$，$x_i = 0$ 当 $e_i \in (A_2(X) \cup \{e_{z_1}\})$，$x_i = 0$ 或 1 当 $e_i \in (A - A(X) - \{e_{z_1}\})\}$。

• 以 e_{z_2} 为轴心：

$X^2 = \{(x_1, x_2, \cdots, x_\sigma) | x_i = 1$ 当 $e_i \in (A_1(X) \cup \{e_{z_1}\})$，$x_i = 0$ 当 $e_i \in (A_2(X) \cup \{e_{z_2}\})$，$x_i = 0$ 或 1 当 $e_i \in (A - A(X) - \{e_{z_1}, e_{z_2}\})\}$。

……

• 以 e_{z_λ} 为轴心：

$X^\lambda = \{(x_1, x_2, \cdots, x_\sigma) | x_i = 1$ 当 $e_i \in (A_1(X) \cup \{e_{z_1}, \cdots, e_{z_{\lambda-1}}\})$，

$x_i = 0$ 当 $e_i \in (A_2(X) \cup \{e_{z_\lambda}\})$，$x_i = 0$ 或 1 当 $e_i \in (A - A(X) - MP)\}$。

$\lambda + 1$) $X^0 = \{(x_1, x_2, \cdots, x_\sigma) | x_i = 1$ 当 $e_i \in (A_1(X) \cup MP)$，$x_i = 0$ 当 $e_i \in A_2(X)$，$x_i = 0$ 或 1 当 $e_i \in (A - A(X) - MP)\}$。

定理 3.3：i) 状态向量集 $X = X^1 \cup X^2 \cup \cdots \cup X^\lambda \cup X^0$；ii) 子集 X^1，X^2，$\cdots$，X^λ，X^0 非空，且互不相交；iii) 子集 X^0 是可行状态向量集；iv) 子集 $X^i (1 \leq i \leq \lambda)$ 不是可行状态向量集。

证明：i) 根据分解结果，显然有 $X = X^1 \cup (X - X^1) = X^1 \cup X^2 \cup (X - (\cup_{1 \leq i \leq 2} X^i)) = \cdots = X^1 \cup X^2 \cup \cdots \cup X^\lambda \cup (X - (\cup_{1 \leq i \leq \lambda} X^i)) = X^1 \cup X^2 \cup \cdots \cup X^\lambda \cup X^0$。

ii) 显然，由分解结果可知 $X^i (0 \leq i \leq \lambda)$ 非空，下面证明它们两两互不相交。考虑状态向量集 X^i 和 $X^j (1 \leq i < j \leq \lambda)$，对于 $x \in X^i$ 和 $x^* \in X^j$，显然 x 中的第 z_i 个分量为 1，而 x^* 中的第 z_i 个分量为 0，从而有 $x \neq x^*$，所以 X^i 和 X^j 不相交。再考虑 X^i 和 $X^0 (1 \leq i \leq \lambda)$，对于 $x \in X^i$ 和 $x^* \in X^0$，显然 x 中的第 z_i 个分量为 0，而 x^* 中的第 z_i 个分量为 1，从而有 $x \neq x^*$，因此 X^i 和 X^0 不相交。综上，X^1，X^2，$\cdots$，X^λ，X^0 非空，且互不相交。

iii) 如前所述，$MP \cup A_1(X)$ 构成原网络的一条极小路，从而 X^0 是可行状态向量集。

iv) 假设某个状态向量集 $X^i (1 \leq i \leq \lambda)$ 是可行状态向量集，则 $A_1(X) \cup \{e_{z_1}, \cdots, e_{z_{i-1}}\}$ 便构成原网络的一个极小路，从而 $\{e_{z_1}, \cdots, e_{z_{i-1}}\}$ 构成子网络的极小路，这显然与 MP 是子网络的最短极小路相矛盾，因为 $\{e_{x_1}, \cdots, e_{x_{i-1}}\}$ 是 MP 的子集，所以，$X^i (1 \leq i \leq \lambda)$ 不是可行状态向量集。

定理 3.3 的主要作用是从不确定状态向量集 X 中分离出可行状态向量集 X^0，并且知道 X^1，X^2，$\cdots$，$X^{\lambda-1}$ 和 X^λ 不是可行状态向量集。因此，需要判定 $X^i (1 \leq i \leq \lambda)$ 是不可行状态向量集还是不确定状态向量集。如果 $A_2(X^i)$ 中的边能组成网络的一个极小割，则 X^i 是不可行状态向量集,不可行状态向量集对 R_{st} 的计算没有贡献,不再被考虑;反之,X^i 就是不确定状态向量集,从而按照前面相同的方式对状态向量集 X^i 进行分析,即根据 $A_1(X^i)$ 和 $A_2(X^i)$ 对网络进行缩边和删边处理,然后确定网络中的串联边、并联边,以及 1 度点,并对网络实施化简,接着求得子网络最短极小路 MP,最后利用状态向量集分解方法对 X^i 作进一步分解,使得从 X^i 中再次分离出可行状态向量集。这样的化简和分解过程循环进行下去,直到不存在不确定状态向量集为止。鉴于各个状态向量子集是互不相交的,连通可靠性 R_{st} 就等于所有可行状态向量集的概率之和。

3.3.4 连通可靠性分析步骤

根据前面的讨论,下面给出连通可靠性 R_{st} 的具体计算步骤。

步骤1　令 $X = \Omega$。

步骤2　计算 $A_1(X)$ 和 $A_2(X)$。如果 $A_2(X)$ 能构成一个极小割,则 X 是不可行状态向量集,转向**步骤9**。

步骤3　如果 $A_1(X)$ 和 $A_2(X)$ 非空,根据 $A_1(X)$ 和 $A_2(X)$ 中的边对网络实施缩边和删边操作。

步骤4　在缩边和删边操作后的网络中寻找串联关系边、并联关系边、1 度点,并根据网络化简规则对网络进行化简,得到子网络 G^*。如果子网络 G^* 的可靠性 $R_{st}(G^*)$ 能直接确定,令 $R_{st} = R_{st} + Pr(A_1(X))Pr(A_2(X))R_{st}(G^*)$,转向**步骤9**;否则,根据边的对应关系确定子网络 G^* 的向量集 X^*。

步骤5　利用最短路算法确定 G^* 中的最短极小路 MP,并根据定理 2.3 把 X^* 分解成 X^{*1}, X^{*2}, $\cdots$, $X^{*\lambda}$ 和 X^{*0}。

步骤6　$R_{st} = R_{st} + Pr(A_1(X))Pr(A_2(X))Pr(X^{*0})$。

步骤7　$i = 1$。

步骤 8 令 X = X^{*i}，转向**步骤 2**。

步骤 9 如果 i < λ，令 i = i + 1，并转向**步骤 8**；否则，停止。

上面给出的连通可靠性分析方法充分利用分解过程中产生的相关信息，在删边、缩边操作基础上，通过引入三种网络化简规则，并结合向量集分解方法，使得可行状态向量集很容易被分离出来；由于网络化简方法能够显著降低网络的复杂性，使得在求解过程中循环分解的次数较少，因此，该连通可靠性分析方法具有更高的计算效率。特别地，当网络化简以后，如果可靠性在步骤 4 中就可以直接计算出来，则下面的分解过程（即步骤 5 到步骤 7）将不再需要进行。

3.4 算例分析与方法比较

为了更好地理解算法的求解过程，下面把图 3.1 中的网络 G 作为对象来计算其连通可靠性。在下面的计算过程中，状态向量 X 的分解结果用 X^i 表示。具体步骤如下：

步骤 1 X = Ω = $\{(x_1, x_2, x_3, x_4, x_5) | x_i = 0$ 或 1 当 $0 \leqslant i \leqslant 5\}$。

步骤 2 $A_1(X) = \Phi$，$A_2(X) = \Phi$。$A_2(X)$ 不能构成网络的一个极小割。

步骤 3 $A_1(X)$ 和 $A_2(X)$ 都是空集，缩边和删边取消。

步骤 4 网络不存在串联边和并联边，网络化简取消。

步骤 5 子网络还是 G，利用最短路算法求得从 s 到 t 的最短极小路为 MP = $\{e_1, e_4\}$。根据定理 1，则 X 被分解成如下子集：X^1 = $\{(x_1, x_2, x_3, x_4, x_5) | x_1 = 0, x_i = 0$ 或 1 当 $2 \leqslant i \leqslant 5\}$，X^2 = $\{(x_1, x_2, x_3, x_4, x_5) | x_1 = 1, x_4 = 0, x_2 = 0$ 或 1, $x_3 = 0$ 或 1, $x_5 = 0$ 或 1$\}$，X^0 = $\{(x_1, x_2, x_3, x_4, x_5) | x_1 = 1, x_4 = 1, x_2 = 0$ 或 1, $x_3 = 0$ 或 1, $x_5 = 0$ 或 1$\}$，λ = 2。

步骤 6　$R_{st} = R_{st} + \Pr(X^0) = 0 + 0.81 = 0.81$。

步骤 7　$i = 1$。

步骤 8　$X = X^1$，转向**步骤 2**。

步骤 2　$A_1(X) = \Phi$，$A_2(X) = \{e_1\}$。$A_2(X)$ 不能构成网络的极小割。

步骤 3　$A_1(X)$ 是空集，$A_2(X) = \{e_1\}$，从而对边 e_1 实施删边操作，操作后得到的网络见图 3.3。

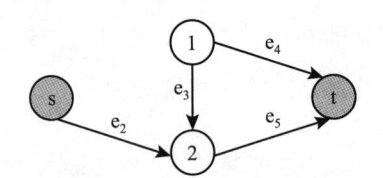

图 3-3　对 e_1 实施删边操作后得到的网络

步骤 4　在图 3.3 的网络中，源点 s 是一度点，从而根据化简规则对网络进行化简，化简后的子网络 G^* 见图 3.4，且满足 $R_{st} = R_{st} + q_1 p_2 R_{st}(G^*) = 0.81 + q_1 p_2 R_{st}(G^*)$。又因为子网络 G^* 的可靠性能够直接计算出来，即 $R_{st}(G^*) = p_5$，从而 $R_{st} = 0.81 + q_1 p_2 p_5 = 0.81 + 0.0855 = 0.8955$，转向**步骤 9**。

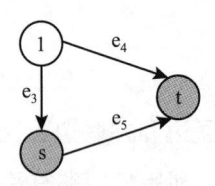

图 3-4　对 s 进行 1 度点化简后的网络

步骤 9　$i = 1 < 2$，令 $i = 1 + 1 = 2$，并转向**步骤 8**。

步骤 8　$X = X^2$，转向**步骤 2**。

步骤 2　$A_1(X) = \{e_1\}$，$A_2(X) = \{e_4\}$。$A_2(X)$ 不能构成网络的极小割。

步骤 3 $A_1(X) = \{e_1\}$，$A_2(X) = \{e_4\}$，从而对 e_1 实施缩边操作，且对 e_4 实施删边操作，操作后得到的网络见图 3.5。

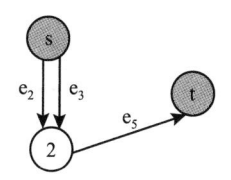

图 3-5 对 e_1 实施缩边、e_4 实施删边操作后得到的网络

步骤 4 在图 3.5 的网络中，e_2 和 e_3 是并联关系，从而对网络进行化简：即 e_2 和 e_3 用边 e_{23} 替代，且满足 $p_{e_{23}} = 1 - (1 - p_2)(1 - p_3) = 0.985$。在化简后的网络中 e_{23} 与 e_5 是串联关系，继续对网络进行化简，且化简后的子网络的可靠性 $R_{st}(G^*) = p_{e_{23}} p_5 = 0.93575$。从而 $R_{st} = 0.8955 + p_1 q_4 R_{st}(G^*) = 0.8955 + 0.0842175 = 0.9797175$，转向**步骤 9**。

步骤 9 $i = 2 = \lambda$，停止。

所以网络的连通可靠性 $R_{st} = 0.9797175$。

如前所述，经典的因子分解法是计算网络连通可靠性最常见的分解算法，而文献[75]中的分解算法也被认为是一种有效的连通可靠性分析方法，因此，我们把这两种算法作为比较对象。注意到分解算法的计算复杂度主要由分解次数来决定[74]，因此，这里以分解次数为衡量指标对算法的求解效率进行分析和讨论。分别利用因子分解法，文献[75]中的算法，以及本书提出的算法计算图 3-1 中网络的连通可靠性，每种算法的分解次数列见表 3-2。

表 3-2 算法比较

算法	是否需要枚举所有的极小路（割）	分解次数	
		网络 G	网络 G_1
因子分解算法	不需要	6	39

续表

算法	是否需要枚举所有的极小路（割）	分解次数 网络 G	分解次数 网络 G_1
文献［75］中的分解算法	不需要	4	21
提出的算法	不需要	1	6

由表 3-2 中的结果可以看出，本章的算法的分解次数都少于其他两种算法的分解次数。接下来以网络 G_1 作为讨论对象见图 3-6。

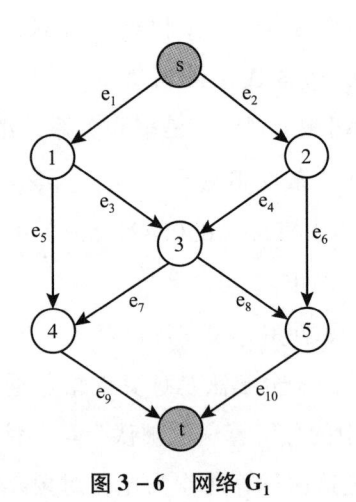

图 3-6　网络 G_1

已知 G_1 中各条边的连通状态概率分别为 $p_1 = p_4 = p_8 = p_{10} = 0.95$，$p_2 = p_7 = 0.96$，$p_3 = p_6 = 0.90$，$p_5 = 0.92$，$p_9 = 0.98$。如果利用提出的算法来计算网络 G_1 的连通可靠性，则只需要 6 次循环分解就可以得到可靠性值为 0.995839，而其他算法的循环分解次数则远大于 6 次。为了便于比较，不同算法求解网络 G_1 时的分解次数也列于表 3-2 中。因此，表 3-2 中的结果表明，本章提出的算法在分解效率方面明显优于因子分解法和文献［75］中的算法。

3.5 基于极小割的网络连通可靠性分析方法

前面给出的连通可靠性分析方法是利用网络中从 s 到 t 的一条极小路对网络状态向量空间展开分解，以获得所有可行状态向量集。最后，通过可行状态向量集来计算网络的连通可靠性。实际上，如果利用网络从 s 到 t 的极小割，也可实现对网络状态向量空间展开分解，只不过最后得到的是不可行状态向量集。通过不可行状态向量集可以计算出网络的不可靠性，最后利用可靠性与不可靠性之间的关系便得到网络的连通可靠性。基于以上想法，这一节将介绍基于极小割的网络连通可靠性分析方法。

3.5.1 基于极小割的状态向量集分解

给定不确定状态向量集 X，首先根据 $A_1(X)$，$A_2(X)$ 对网络 G 进行缩边和删边操作；然后搜寻网络中是否存在串联边、并联边、1 度点；如果存在，则利用前面给出的化简方法对网络进行化简得到子网络 G^*。此时对应于子网络 G^* 的状态向量集不再是 X。根据网络化简过程中各边之间的对应关系得到子网络 G^* 的状态向量集 X^*，显然有 $A_1(X) = A_1(X^*)$，$A_2(X) = A_2(X^*)$，从而 X^* 仍然是不确定状态向量集。在化简后的子网络中，设从起点 s 发出的边所组成的集合为 AM = $\{a_{x_1}, \cdots, a_{x_q}\}$（不包括 s 的自循环边），则 AM 显然是子网络的一个极小割，即当 AM 中的各边的状态为 0 时，子网络是不连通的。基于 AM 中的边，不确定状态向量集 X^* 被分解成若干个互不相交的非空子集。下面介绍向量集分解方法。

因为 AM 是子网络的极小割，当 AM 中的所有边的状态为 0 时，子

网络是不连通的。由于删边和缩边操作不改变网络的性能,因此,当 AM 中的各边的状态为 0 时,AM∪A_2(X) 构成原网络的极小割。为了不致混淆,子网络的不确定状态向量集仍用符号 X 来表示。给定不确定状态向量集 X = {(x_1, x_2, …, x_σ)|x_i = 1 当 a_i ∈ A_1(X), x_i = 0 当 a_i ∈ A_2(X), 0≤x_i≤1 当 a_i ∈ (A - A(X))},和边集 AM = {a_{x_1}, …, a_{x_q}}。以边 a_{x_1}, …, a_{x_q} 为中心,X 按如下方式被分解成 q+1 个不相交的子集 X^1, X^2, …, X^q 和 X^0。

1) 以 a_{x_1} 为中心:

$$X^1 = \{(x_1, x_2, \cdots, x_\sigma) | x_i = 1 \text{ 当 } a_i \in (A_1(X) \cup \{a_{x_1}\}), x_i = 0 \text{ 当 } a_i \in A_2(X), 0 \leq x_i \leq 1 \text{ 当 } a_i \in (A - A(X) - \{a_{x_1}\})\}$$

2) 以 a_{x_2} 为中心:

$$X^2 = \{(x_1, x_2, \cdots, x_\sigma) | x_i = 1 \text{ 当 } a_i \in (A_1(X) \cup \{a_{x_2}\}), x_i = 0 \text{ 当 } a_i \in (A_2(X) \cup \{a_{x_1}\}), 0 \leq x_i \leq 1 \text{ 当 } a_i \in (A - A(X) - \{a_{x_1}, a_{x_2}\})\}$$

3) ……

4) 以 a_{x_q} 为中心:

$$X^q = \{(x_1, x_2, \cdots, x_\sigma) | x_i = 1 \text{ 当 } a_i \in (A_1(X) \cup \{a_{x_q}\}), x_i = 0 \text{ 当 } a_i \in (A_2(X) \cup \{a_{x_1}, \cdots, a_{x_{q-1}}\}), 0 \leq x_i \leq 1 \text{ 当 } a_i \in (A - A(X) - AM)\}$$

5)

$$X^0 = \{(x_1, x_2, \cdots, x_\sigma) | x_i = 1 \text{ 当 } a_i \in (A_1(X)), x_i = 0 \text{ 当 } a_i \in (A_2(X) \cup AM), 0 \leq x_i \leq 1 \text{ 当 } a_i \in (A - A(X) - AM)\}$$

定理 3.4:i) X = $X^1 \cup X^2 \cup \cdots \cup X^q \cup X^0$;ii) 子集 X^1, X^2, …, X^q 和 X^0 是非空的,并且是互不相交的;iii) 子集 X^0 是不可行状态向量集;iv) 子集 X^i(1≤i≤q) 不是不可行状态向量集。

证明:i) 注意到 X = $X^1 \cup (X - X^1) = X^1 \cup X^2 \cup (X - (\cup_{1 \leq i \leq 2} X^i)) = \cdots = X^1 \cup X^2 \cup \cdots \cup X^q \cup (X - (\cup_{1 \leq i \leq q} X^i)) = X^1 \cup X^2 \cup \cdots \cup X^q \cup X^0$。

ii) X^i(0≤i≤q) 的非空性显然成立,只需证明其不相交性。

先考虑向量集 X^i 和 X^j(1≤i<j≤q),对于任意的 u ∈ X^i 和任意的

$v \in X^i$。显然 u 中的第 x_i 个分量为 1，而 v 中的第 x_i 个分量为 0，因此，$u \neq v$，从而 X^i 和 X^i 是不相交的。

再考虑 X^i 和 $X^0(1 \leq i \leq q)$，对于任意的 $u \in X^i$ 和任意的 $v \in X^0$，显然 u 中的第 x_i 个分量为 1，而 v 中的第 x_i 个分量为 0，因此，$u \neq v$，从而 X^i 和 X^0 是不相交的。因此，子集 X^1，X^2，…，X^q 和 X^0 是非空的，并且是互不相交的。

ⅲ）如前所讨论，$AM \cup A_2(X)$ 构成网络的一个极小割，从而 X^0 是不可行状态向量集。

ⅳ）假设某个 $X^i(1 \leq i \leq q)$ 是不可行状态向量集。则 $A_2(X) \cup \{a_{x_1}, \cdots, a_{x_{i-1}}\}$ 构成网络的一个极小割，从而 $\{a_{x_1}, \cdots, a_{x_{i-1}}\}$ 构成网络化简后子网络的一个极小割，而 $\{a_{x_1}, \cdots, a_{x_{i-1}}\}$ 是 AM 的子集，这与 AM 是子网络的极小割相矛盾。因此，子集 $X^i(1 \leq i \leq q)$ 不是不可行状态向量集。

由定理 1 可知，不可行状态向量子集 X^0 可以从不确定状态向量集 X 中分离出来。同时也知，子集 X^1，X^2，…，X^{q-1} 和 X^q 不是不可行状态向量集。因此，每个 $X^i(1 \leq i \leq q)$ 被重新划分为可行状态向量集或不确定状态向量集。如果 $A_1(X^i)$ 能构成一条极小路，则 X^i 是可行状态向量集，它对不可靠性计算没有贡献，因此不再被考虑。反之，则 X^i 就是不确定状态向量集。按照相同的方式对网络进行化简，对不确定向量集 X^i 进行分解，使得从 X^i 中分离出不可行状态向量集。这样的网络化简和向量集分解重复进行下去，直到不存在不确定状态向量集为止。因为各个子集是互不相交的，因此，网络的不可靠性就等于所有不可行状态向量集的概率之和。

3.5.2 算法步骤

下面的算法仍然是一个递归分解算法。初始的向量集 X 为全集 Ω。算法的具体步骤为：

输入：网络 $G(N, A, \Omega)$，$UR_{s,t} = 0$，起点 s 和终点 t。

步骤1 令 $X = \Omega$。

步骤2 计算 $A_1(X)$ 和 $A_2(X)$。如果 $A_1(X)$ 能构成一条极小路，则 X 是可行状态向量集，转向**步骤9**。

步骤3 根据 $A_1(X)$ 和 $A_2(X)$ 对网络进行缩边和删边操作。

步骤4 搜寻网络中的串联边、并联边、1度点，并根据化简方法对网络进行化简；如果化简后的子网络 G^* 的不可靠性 $UR(G^*)$ 能直接计算出来，则 $UR_{s,t} = UR_{s,t} + UR(G^*)$，转向**步骤9**；否则，确定子网络 G^* 对应的向量集 X^*。

步骤5 确定割集 AM，并根据定理1，把 X^* 分解成 $X^{*1}, X^{*2}, \cdots, X^{*q}$ 和 X^{*0}。

步骤6 $UR_{s,t} = UR_{s,t} + \Pr(X^{*0})$。

步骤7 i 从 1 到 q。

步骤8 令 $X = X^{*i}$，转向**步骤2**。

步骤9 下一个 i。

输出：$UR_{s,t}$。

算法输出的结果是不可靠性 $UR_{s,t}$，则网络可靠性即为：$R_{s,t} = 1 - UR_{s,t}$。利用分解过程中产生的相关信息，首先，算法通过删边与缩边操作快速确定网络中的串联边、并联边和 1 度点；其次，根据网络化简方法对网络进行化简；最后，基于起点和终点的极小割，算法采用向量集分解技术对网络状态向量空间进行分解，把不可行状态向量集分离出来，则网络不可靠性便可通过不可行状态向量集求得。特别是在某些情况下，当网络化简以后，不可靠性在**步骤4**中就可以直接计算出来，后面的分解过程将不再需要。

3.6 应用分析——以山西宏圣公司的煤炭物流运输网络为例

下面利用本章提出的算法对一个实际煤炭物流公司所拥有的煤炭物流运输网络进行连通可靠性分析；另外，本节将从连通可靠性的角度定义运输边的重要性度量指标，根据定义的度量指标对该煤炭物流运输网络各条运输边的重要性进行讨论分析。

3.6.1 相关背景介绍

本节所讨论的煤炭物流运输网络属于山西宏圣煤炭物流贸易有限公司整个物流网络的子网络。宏圣煤炭物流贸易有限公司隶属于山西晋煤集团，是集煤炭洗选、煤炭运输、煤炭经销为一体的大型煤炭物流公司。公司成立于2011年，注册资本7.2亿元，其中，晋煤集团控股77.8%，江苏省燃料总公司和宁波市燃料集团有限责任公司分别持股11.1%，主营业务包括：煤炭经销、煤炭洗选加工、煤矸石综合利用、仓储理货、汽运物流、铁运物流。

目前，公司主要负责集团公司整合矿井煤炭以及部分大矿富余煤炭的销售工作。公司的煤炭业务主要以传统线下销售为主。目前的网络交易主要以零售商品为主，大宗商品的网络交易还处于发展阶段，未来将搭建煤炭网络交易平台，打破传统煤炭商务模式中的区域性、信息滞后性限制，辐射企业的销售范围，构建高效的煤炭交易网络。该公司多年来一直积极培育发展煤炭物流贸易产业，并致力于构建安全、高效、经济的煤炭物流体系。当前，公司在晋城的泽州大东沟、泽州周村以及阳城町店、沁水龙港等地分别建成了现代煤炭加工综合配送中心。并在河南、湖北等地建设了物流仓储配送中心；与此同时，公司在河南、河北、山东、安徽、浙江、江苏等地建设了多个战略营销节点，以扩大煤炭销售范围，快捷、高效地满足市场需求。

宏圣煤炭物流贸易有限公司的煤炭运输方式主要以公路运输为主，销售的目的地有河南、湖南、安徽、江苏、浙江、湖南、河北、山东等地区。用户多为煤化工企业，其次是冶炼行业。当前，公司的煤炭物流运输网络节点众多，运输能力也相对较强，但仍然面临许多问题，比如，公司的煤炭运输方式比较单一，主要以公路为主，铁路运输较少，海运运输更是缺乏。从而导致公司的物流运输网络易受天气，自然灾害的影响，稳定性和可靠性较差，抗风险能力不高。另外，由于没有充分利用好山西现有的煤炭物流运输网络资源，使得公司的运输线路比较固定，可利用的备用运输线路较少，这使得公司的煤炭物流运输网络的鲁棒性差，一旦某条运输线路发生故障或突发状况，对公司的整体煤炭运输会产生较大的影响。因此，有必要从可靠性的角度对该公司的煤炭物流运输网络进行系统评价，来评估其面临的风险，并从可靠性的角度来确定煤炭物流运输网络各条运输线路的重要性水平，为公司的物流网络运营和改进提供相关的指导和建议。

煤炭物流运输网络是宏圣煤炭物流贸易有限公司整个物流运输网络的子网络见图3-7，其中，晋城作为煤炭物流贸易有限公司所在地，是公司最重要的煤炭生产、加工、分销中心，即煤炭的供应地，在网络中被当作煤炭物流的起点（出发地）。在煤炭物流贸易有限公司的销售网络中，宜昌和宁波是该公司的战略营销节点，分别负责为宏圣煤炭物流贸易公司在湖北和江浙一带的重要终端客户提供煤炭配送服务，在网络中被当作煤炭物流的终点（销售目的地）。在图3-7的网络中，其他物流节点属于物流转运节点，节点所在地主要负责煤炭的转运任务。

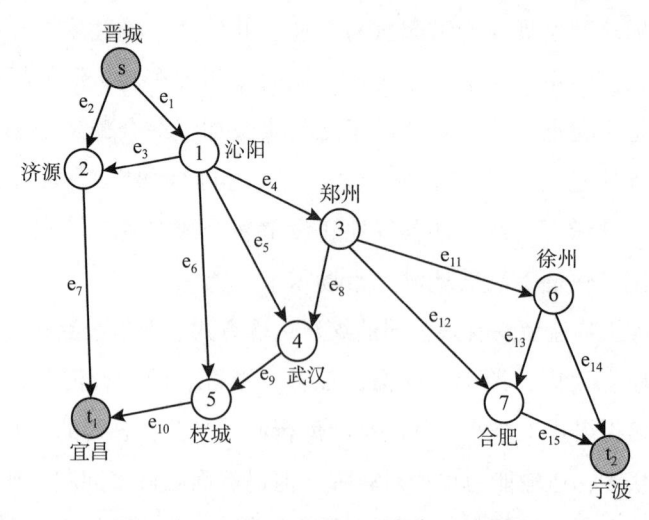

图3-7　宏圣公司的煤炭物流运输网络

3.6.2 运输边的概率分布

网络中各条运输边的状态概率分布是开展可靠性评估的基础。针对图3-7中的煤炭物流运输网络，我们在公司管理人员的帮助下收集了宏圣公司2015年各条运输线路（边）的相关数据，并对这些数据进行了整合处理，近似地获得了各条运输边处于失效状态的时间区间。需要指出的是，在对数据处理的过程中，当某条运输边在单位时间内（1天）的煤炭输送量低于设定的阈值100（吨）时，我们就认为这条运输边处于失效状态。这样的处理方式也是合理的，因为经过分析得知，发生这种情况通常是由于恶劣天气或意外事故导致的运输不畅。根据得到的数据，运用统计学的方法，每条运输边失效状态的时间除以该煤炭物流运输网络总的年度运营时间便得到这条运输边的失效概率。对图3-7中的每一条运输边都按照同样的方式进行处理，最后得到所有运输边的状态概率分布，其结果汇总见表3-3。

表3-3　　　　　　　　运输边的概率分布

e_i	p_i	e_i	p_i	e_i	p_i
e_1	0.955750	e_6	0.915278	e_{11}	0.933150
e_2	0.933375	e_7	0.916215	e_{12}	0.925185
e_3	0.956875	e_8	0.925885	e_{13}	0.946215
e_4	0.925388	e_9	0.953958	e_{14}	0.932186
e_5	0.925526	e_{10}	0.956720	e_{15}	0.946185

3.6.3 网络连通可靠性分析

图3-7所示的煤炭物流运输网络有一个起点（晋城），两个终点（宜昌和宁波），因此，总共有两组（s, t）对，即晋城——宜昌，晋

城──宁波。利用本章提出的分解算法对这两组（s，t）对的连通可靠性进行了计算，最后的结果见表3-4。表3-4表明，晋城──宜昌之间的网络连通可靠性相对较高，而晋城──宁波之间的网络连通可靠性相对较低。注意到晋城──宜昌之间的煤炭运输网络有5条可供选择的运输线路，而晋城──宁波之间的煤炭运输网络只有3条可供选择的运输线路。从网络拓扑结构的角度来看，较少的运输线路在很大程度上会影响煤炭运输网络的连通可靠性，这是因为当起点和终点之间运输线路数量较少时，如果某条运输边发生中断或通行不畅，可替代的运输线路就非常有限，从而在很大程度上影响起点和终点之间的连通性。

从管理者的角度来看，当线路运输不畅时，煤炭在整个运输过程中的损耗率和交付延迟率会显著提高，因此，可靠性低的煤炭运输网络会增大企业在物流方面的风险，进而提高企业的物流成本，制约其盈利水平。前面的可靠性分析表明，晋城──宁波之间的煤炭物流运输网络具有较低的连通可靠性，这在一定程度上会对宏圣公司在江浙一带的煤炭业务产生负面影响。特别地，江浙一带作为经济发达地区，对能源的需求长期处于高位态势，宁波作为战略营销点，对宏圣公司煤炭业务的稳定发展具有举足轻重的作用。因此，从风险管控的角度，宏圣公司管理部门需要高度重视晋城──宁波之间煤炭运输的通畅性，并制定具体的措施来降低突发事件对公司煤炭销售业务的影响。例如，不难看出，晋城──沁阳，沁阳──郑州这两条运输边对晋城──宁波之间的煤炭运输网络的连通性非常重要，当其中任何一条运输边通行不畅时，都将严重影响晋城──宁波之间运输通道的畅通性。因此，宏圣公司管理部门要充分重视晋城──沁阳，沁阳──郑州这两条输送通道的畅通性，并对这两条输送通道加大投资力度，以保证晋城──宁波之间煤炭物流业务的稳定性和高效性。

表 3-4　　　　　　　　　　网络连通可靠性

起点 s ——→ 终点 t	运输线路的数量	连通可靠性 R_{st}
晋城——→宜昌	5	0.989640
晋城——→宁波	3	0.873847

3.6.4 运输边的重要度

网络连通性侧重于强调网络的起点与终点之间是否存在有效线路（或通路），因此，从网络拓扑结构的角度来看，当经过某条边的有效路线越多时，这条边就越重要，因为一旦这条边发生故障而处于失效状态，受影响的有效路线就会越多。但这只是从定性的角度给出边的重要性的解释，下面我们将从定量的角度来刻画网络中各条边的重要性。

前面计算了图 3-7 中两组 (s, t) 对的连通可靠性，接下来从连通可靠性出发进一步讨论网络中运输边的重要性问题。在讨论之前需要阐明什么样的边称之为重要边，所谓重要边是指，降低这条边的失效状态概率将显著提升网络的性能水平（即可靠性）。因为本章把连通可靠性作为度量网络性能水平的指标，因此，当降低某条边的失效状态概率时，网络的连通可靠性能够得到显著提高，则称这条边为重要边。为了量化网络中边的重要性，下面给出重要度的概念。

定义 3.1：令 R_{st} 为网络从 s 到 t 的连通可靠性，p_i 为边 e_i 的工作状态概率，边 e_i 对网络 (s, t) 对连通可靠性 R_{st} 的重要度记作 I_i，且 $I_i = \dfrac{dR_{st}}{dp_i}$。

显然，重要度 I_i 的定义与前面关于边的重要性的解释是相吻合的，下面给出重要度 I_i 的计算公式。

定理 3.5：边 e_i 对网络 (s, t) 对连通可靠性 R_{st} 的重要度 $I_i = \dfrac{dR_{st}}{dp_i} = R_{st}(+i) - R_{st}(-i)$，其中，$R_{st}(+i)$ 表示当 e_i 处于工作状态时网络 (s, t) 对

连通可靠性，$R_{st}(-i)$ 表示当 e_i 处于失效状态时网络 (s, t) 对连通可靠性。

证明： 根据概率与数理统计中的贝叶斯定理，则有

$$R_{st} = p_i \times R_{st}(+i) + (1 - p_i) \times R_{st}(-i) \tag{3.3}$$

对等式两边关于 p_i 求导数，则容易得到 $\dfrac{dR_{st}}{dp_i} = R_{st}(+i) - R_{st}(-i)$。

根据定理 3.5，计算重要度 I_i 等价于计算两次网络可靠性。定义 3.1 给出了边 e_i 对网络 (s, t) 对连通可靠性 R_{st} 的重要程度，如果网络中存在多组 (s, t) 对，则下面定义边 e_i 的综合重要度来度量边 e_i 对网络整体连通可靠性的重要程度。

定义 3.2： 假设网络中总共有 λ 组 (s, t) 对，边 e_i 对网络第 j 组 (s, t) 对连通可靠性 R_{st}^j 的重要度记作 I_i^j，定义边 e_i 的综合重要度为

$$CI_i = \frac{d(\sum_{(s,t)} R_{st})}{dp_i}$$

$$= \sum_{(s,t)} (R_{st}(+i) - R_{st}(-i)) \tag{3.4}$$

下面以宏圣公司的煤炭物流运输网络作为分析对象，利用重要度及综合重要度的概念对其各条运输边的重要性进行分析讨论。图 3-7 所示的煤炭物流运输网络有两组 (s, t) 对，分别记作 (s, t_1)，(s, t_2)，因此，运输边 e_i 的综合重要度 CI_i 为

$$综合重要度\ CI_i = \frac{d(R_{st_1} + R_{st_2})}{dp_i}$$

$$= (R_{st_1}(+i) - R_{st_1}(-i)) + (R_{st_2}(+i) - R_{st_2}(-i)) \tag{3.5}$$

根据式（3.5）来计算图 3-7 中每条运输边的综合重要度，最后的计算结果汇总于表 3-4 中，另外，按照从高到低的顺序对各条运输边的综合重要度值进行了排序，其结果位于表 3-4 的最后一列。根据表 3-4 中结果，现作如下讨论。

①在该煤炭运输网络中，第 1 条运输边（即晋城——→沁阳）具有最

高的综合重要度，第 4 条运输边（即沁阳——→郑州）的综合重要度次之；而第 8 条运输边（即郑州——→武汉）的综合重要度最低，接下来第 5 条运输边（即沁阳——→武汉）的综合重要度处于倒数第二低的位置。前面的讨论指出，综合重要度是运输边整体重要性的量化指标，它反映了该运输边状态概率的变化对网络整体连通可靠性的影响程度。因此，宏圣公司管理者应格外重视综合重要度高的运输边，并优先考虑提高这些运输边自身的可靠性，这样才能有效地提升整个网络的可靠性水平。

②在整个网络中综合重要度较高的运输边对于某组具体的（s，t）对来说，其重要度不一定也较高。譬如，对于第 4 条运输边（即沁阳——→郑州）来说，在整个网络中其综合重要度处于第二位，相对比较高；然而，在晋城——→宜昌这组（s，t）对中，第 4 条运输边的重要度为 0.000440，其重要度在 15 条运输边中排名第十位（比较靠后）；再譬如，第 15 条运输边（即合肥——→宁波）在整个网络中的综合重要度为 0.110444，在所有运输边中排名第三位，而在晋城——→宜昌这组（s，t）对中，其重要度为 0，即意味着第 15 条运输边的运行状态对晋城——→宜昌这组（s，t）对的连通可靠性没有任何影响。因此，在确定运输边的重要性时，公司管理者首先需要明确是从网络整体连通可靠性水平的角度，还是从某组（s，t）对连通可靠性水平的角度来讨论运输边的重要性。

③无论是从网络整体连通可靠性水平的角度，还是从某组（s，t）对连通可靠性水平的角度，晋城——→沁阳这条运输边的综合重要度（重要度）都处于最前列（见表 3-5），因此，企业管理者要从战略的高度重视这条运输通道的畅通性。而这样的计算与分析结果与实际情况完全吻合，沁阳与山西晋城接壤，是晋煤外运咽喉要道和重要煤炭集散地，晋城——→沁阳这条运输通道的安全性与稳定性对宏圣公司煤炭业务的运营具有重要的现实意义。

表 3–5　　　　　　　图 3–7 中每条运输边的综合重要度

运输边 e_i	$I_i = R_{st}(+i) - R_{st}(-i)$		综合重要度 CI_i	综合重要度排序
	(s, t_1) 晋城——→宜昌	(s, t_2) 晋城——→宁波		
i = 1	0.140694	0.914305	1.054999	1
i = 2	0.042349	0	0.042349	9
i = 3	0.002791	0	0.002791	13
i = 4	0.000440	0.944304	0.944744	2
i = 5	0.000915	0	0.000915	14
i = 6	0.004442	0	0.004442	11
i = 7	0.086890	0	0.086890	5
i = 8	0.000440	0	0.000440	15
i = 9	0.006623	0	0.006623	10
i = 10	0.082200	0	0.082200	6
i = 11	0	0.106749	0.106749	4
i = 12	0	0.058791	0.058791	7
i = 13	0	0.003962	0.003962	12
i = 14	0	0.047557	0.047557	8
i = 15	0	0.110444	0.110444	3

3.7　本章小结

煤炭物流是煤炭商品高效流通的基础，在缤纷繁杂、随机事件相互交织的环境中，煤炭物流不仅关系着煤炭行业自身的生存与发展，也关系着众多上、下游行业的生存与健康发展，鉴于煤炭物流在我国流通领域中的重要作用，人们越来越重视煤炭物流运输网络的服务效率与服务水平。

连通性是煤炭物流运输网络正常运行的基本属性，是衡量煤炭物流运输网络服务质量的基础性指标。本章针对煤炭物流运输网络连通可靠性进行了研究。一方面，本章提出了一种高效的连通可靠性评估方法，该可靠性评估方法充分利用已知的网络状态信息和特殊的网络拓扑结构信息，通过网络缩减以及保持网络可靠性不变的网络化简操作，在较大程度上降低了网络状态向量空间的复杂度；再结合基于极小路的状态向量空间分解方法，能够高效地把可行状态向量集分离出来，从而很容易求得网络的连通可靠性。算例分析的结果表明，提出的连通可靠性评估方法具有明显的效率优势。为了展示方法的应用性，本章把山西晋煤集团宏圣煤炭物流贸易公司所属的煤炭物流运输网络作为分析对象，对其连通可靠性进行了深入的分析，并解释了网络可靠性所包含的管理蕴意，提供了在遭遇突发事件时保持运输网络服务效率和服务水平的相关措施建议。

为了探讨运输边对网络连通可靠性影响的重要程度，本章建立了运输边重要性的评价指标——运输边重要度和综合重要度，并给出了计算运输边重要度和综合重要度的理论公式。最后，针对宏圣煤炭物流贸易公司所属的煤炭物流运输网络，本章计算了各条运输边的重要度及综合重要度，并对结果进行了详细分析讨论。特别地，公司管理者尤其要重视综合重要度高的运输边，并优先考虑提高这些运输边自身的可靠性，这样才能有效地提升整个网络的可靠性水平。另外，当网络中存在多组 (s, t) 对时，从网络整体连通性水平的角度衡量运输边的重要性与从某组具体 (s, t) 对的连通性水平的角度衡量运输边的重要性是有区别的，因此，公司管理者在制定网络改进方案时需要注意两者的差别，以便做出最佳的决策方案。

4

煤炭物流运输网络能力可靠性评估

4.1 引　　言

煤炭物流运输网络本质上是一个运输服务系统，其核心功能是提供煤炭的调配、运输服务。煤炭运输、配送的目的是实现煤炭商品在生产地和消费地之间的高效流动。在市场经济条件下，多数煤炭物流运输企业都加大对建立区域性煤炭物流配送中心的重视。建立区域性煤炭配送中心在很大程度上改变了从煤炭企业──→用户的传统运输方式，实现煤炭企业──→配送中心──→用户的科学运输方式的转变。与此同时，终端消费者的需求也可以更加快捷、更加便利地得到响应，体现了物流运输以服务为中心的宗旨。

煤炭物流运输具有运输量大，运输距离远的特点，因此，对运输方式的选择以及运输工具承载能力的要求比较高。在现实的煤炭运输过程中，由于受不确定性因素的影响，物流运输网络中各条线路的运输能力具有很大的随机性。比如，在运输过程中，由于受恶劣天气（雨雪天气，雾霾天气）的影响，线路的发车频率将会降低，甚至发生线路中断的极端情况（运输能力为零）；再比如，用于煤炭运输的承载工具可能处于失效状态、部分失效状态或维护状态，这都会导致线路运输能力的不确定性；另外，在煤炭物流行业，煤炭企业除了采用自营物流的经营模式外，还部分采用第三方煤炭物流运输服务。而提供第三方煤炭物流运输服务的物流企业本身就具有不确定性，例如，它的部分运输能力可能会被其他的煤炭企业甚至其他行业的企业所预定和占用，从而导致该物流企业外租的用于煤炭运输的运输能力是随机的。由此可以看出，由于各条运输线路的运输能力（或承载能力）具有随机性（该随机性主要通过概率分布来刻画），从而在很大程度上导致整个煤炭物流运输网络的运输能力也是随机的。

对于给定的煤炭物流运输网络，由于其运输能力是一个随机变量，在一定时间段内该运输网络输送的煤炭产品数量能否满足终端消费者的需求是一个至关重要的问题，这也正是网络可靠性要研究的问题。煤炭物流运输网络的构成要素主要包括物流节点和物流运输线路。在研究中，通常把物流节点抽象为拓扑网络中的节点，而把物流线路抽象为拓扑网络中的有向边（或有向弧），其中，节点代表真实物流系统中的不同个体，包括煤炭生产地、煤炭需求地、煤炭转运中心或配送中心；有向边用来表示个体之间的物流服务关系。如第二章所述，煤炭物流运输网络从拓扑结构上可以描述为一个典型的多级架构网络，其结构示意图见图4-1。

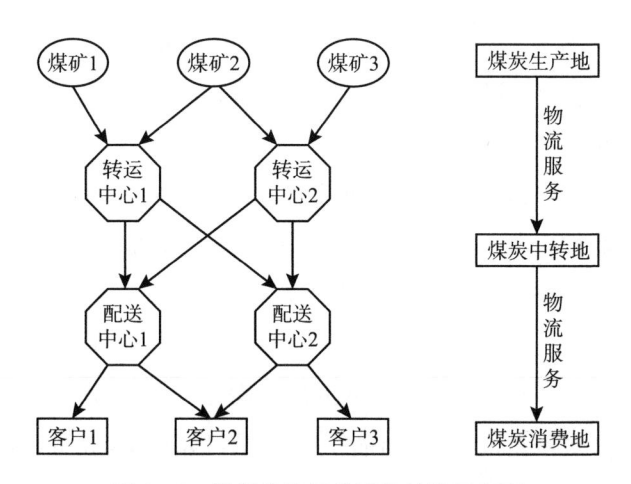

图4-1 煤炭物流运输网络结构示意图

在理论分析中，煤炭物流运输网络可以被建模为一个随机流网络（也称作多态网络），该网络中的源点 s（出发地）代表煤炭商品的生产地，汇点 t（目的地）代表煤炭商品的消费地，而其他节点代表转运中心或中转站，配送中心或配送站等等；该网络中的有向边代表某段运输线路，且每条边具有相互独立的、有限的、取正整数的随机运输能力（也常称作随机容量）[105]，且通过给定的概率分布来刻画和描述（在可靠性分析中，各条边随机运输能力的概率分布主要通过历史数据来获得）；网络中的网络流则代表真实物流运输系统中输送的煤炭商品流。此时，煤炭物流运输网络的能力可靠性是指，该物流运输网络能够把 d 单位的煤炭需求量从源点 s（即煤炭产地）成功输送到汇点 t（即煤炭消费地）的概率[105]。在随机流网络模型中，多数文献把能力可靠性称作容量可靠性，因此，在本章及后续章节的讨论过程中，我们也把能力可靠性称作容量可靠性，并用 R_d 来表示，其中，d 代表网络的容量水平，也即终端消费者的煤炭需求量。

一般来说，计算容量可靠性 R_d 的方法有两种类型：直接算法和间接算法。直接算法主要包括状态枚举法和状态空间分解法。间接算法的核心是通过"中间媒介"来计算可靠性 R_d。当前，间接算法是研究的一个热点，也是研究成果较为丰富的一个研究方向。在间接算法中，多态极小路算法和多态极小割算法是最常见的两种算法。多态极小路/多态极小割又称作 d-极小路/d-极小割，本章重点研究基于 d-极小路的可靠性方法。

前面的分析曾指出，在二态网络可靠性模型中，极小路可以用于网络的连通可靠性分析。类似于极小路在连通可靠性分析中的地位，d-极小路在多态网络可靠性模型中可以用于计算网络的容量可靠性。不同于极小路的概念，在多态网络可靠性模型中，d-极小路是一个特殊的状态向量，更具体地说，d-极小路是指满足容量水平为 d 的最小状态向量。如果知道网络的 d-极小路，则容量可靠性 R_d 就可以通过概率论中的容斥定理方法，或逻辑代数中的不交和方法来计算。因此，求解网络的 d - 极小路是计算容量可靠性 R_d 的关键问题。

通过对现有文献的分析可以看出，求解 d - 极小路的现有算法主要基于两种数学模型来实现。一种是基于极小路的数学模型，一种是基于网络边的数学模型。基于极小路的 d - 极小路数学模型由林森崇等人[105]提出，该模型利用极小路信息和流约束条件来分配网络流；基于网络边的 d - 极小路数学模型叶维彰[112]提出，该模型主要是建立在流守恒条件的基础上。虽然叶维彰提出的模型优于林森崇等人提出的模型，但叶维彰[112]给出模型是建立在网络中的边全部为有向边这个假设条件之上的。另外，虽然牛义锋等人[114]把叶维彰的模型推广到求解无向网络的 d - 极小路，但在求解之前算法需要把每条无向边转化为两条方向相反的有向边，此时相当于提高了网络的规模（边数增加了）。因此，在这种情况下，叶维彰的模型[112]所拥有的优势就不存在了。

考虑到林森崇等人[105]提出模型具有更好的适用性，本章重点对其提出模型做进一步的改进。基于此种考虑，本章在林森崇等人[105]的模型中引入容量下界的概念，其目的是缩减 d - 极小路的搜索空间，并由此建立了关于 d - 极小路的改进数学模型。在 d - 极小路的求解过程中，有可能会产生重复 d - 极小路。换句话说，在求得的 d - 极小路集合中可能会包含多个完全相同的 d - 极小路。鉴于重复 d - 极小路只会增加可靠性计算的工作量，而对可靠性的结果没有影响，重复 d - 极小路的判定和识别是一个重要问题。比较法是判定和识别重复 d - 极小路最简单的方法，但比较法的时间复杂度很高，判定效率很难令人满意。因此，本章提出了一种新的思路来解决重复 d - 极小路问题。特别地，本章创造性地引入了状态向量的关联值概念，通过该概念使得每个 d - 极小路与其关联值之间形成一一对应关系，利用归并排序法删去所有的重复关联值，剩下的关联值所对应的 d - 极小路便是所有非重复的 d - 极小路。

基于以上的理论结果，本章提出了一种新的 d - 极小路求解算法。为了更好地理解算法的思想，我们严格按照求解步骤对一个简单网络的容量可靠性进行了计算。通过数值试验对算法的性能进行了检验,结果表明,提出的算法在求解 d – 极小路方面具有一定的效率优势,从而为煤炭物流运输网络容量可靠性评估提供了一种新的有效方法。

4.2 煤炭物流运输网络的随机流网络模型

本章用 G(V, E, W) 表示源点为 s,汇点为 t 的随机流网络,其中 V = {s, 1, 2, …, n, t} 代表网络中节点的集合,除源点 s 和汇点 t 外,网络中的其他点用数字来表示,而 n 则代表这些点的总数;E = {e_i | 1≤i≤m} 代表网络中的边的集合,m 为边的总数;W = (W_1, W_2, …, W_m) 是由网络中各条边的最大容量组成的向量,其中 W_i(1≤i≤m) 是边 e_i 的最大容量(最大运输能力)。因为每条边的容量(或状态)是一个随机变量,用 x_i 表示边 e_i 的随机容量,且 x_i 的取值范围为边 e_i 的最小容量 0 到最大容量 W_i 之间的正整数值[105]。称 x = (x_1, x_2, …, x_n) 为网络的容量向量(或状态向量),它是由各条边的容量组成的向量。给定一个容量向量 x,它表明网络中各条边当前的容量。用 M(x) 表示网络在容量向量 x 下的最大流量,该最大流量代表了从源点 s 到汇点 t 的最大运输能力,也代表整个网络的最大容量,则称 M(x) 为随机流网络的结构函数[100]。令 D 表示网络的最大容量水平,则有 M(W) = D,且对于任意的容量向量 x,有 M(x)≤D。

例如,在随机流网络中见图 4 – 2,V = {s, 1, t},n = 1,E = {e_1, e_2, e_3},m = 3,W = (3, 2, 2);给定一个容量向量 x = (1, 2, 1),则网络在容量向量 x 下的最大流量为 M(x) = 2。显然,网络的最大容量水平 D = M(W) = 4。

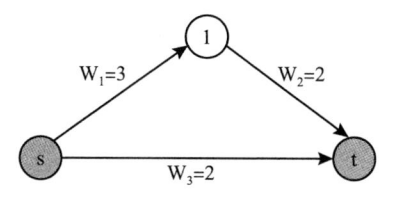

图 4-2 一个简单的随机流网络

与现有文献一样，本章讨论的网络可靠性模型满足下面的假设条件[105-114]：

假设条件1：网络中的点都完全可靠（即点总是处于正常工作状态，且没有容量限制）；

假设条件2：各边的容量是一个随机变量（取 0 到 W_i 之间的正整数值），且服从给定的概率分布；

假设条件3：各边的容量状态在统计上是相互独立的；

假设条件4：网络中的流满足流守恒定律，即流入某个点（除去源点 s 和汇点 t）的流量等于流出该节点的流量。

下面对于假设条件给出几点注解：

注1：根据文献 [134] 的解释，网络中的不可靠点可以用两个可靠点和连接这两个点的一条不可靠边来替换，也就是说可以把点和边都不可靠的网络转化为只有边不可靠的网络，因此，本章仅讨论边不可靠的情形。

注2：在现有文献中，通常把各边的随机容量的概率分布看作是给定的，在实际应用中，可以根据历史数据用统计学的方法来获得随机容量的概率分布。

注3：该假设条件是为了简化概率的运算。

注4：该假设条件表明，网络中不存在流损耗（即不存在煤炭运输损耗）。

4.3 可靠性计算的候选 d-极小路问题

现有的 d-极小路求解方法主要包含两个关键步骤：①求解候选 d-极小路；②验证候选 d-极小路是否是 d-极小路。并且，相对于步骤②来说，步骤①是整个问题的核心，也是求解难度最大的。下面给出关于候选 d-极小路的两个基本模型。

4.3.1 候选 d-极小路模型一

早在 20 世纪 90 年代初，林森崇等人[105]就建立了候选 d-极小路的数学模型，该模型的核心是把满足要求的网络流根据网络的拓扑结构分配到各条极小路上。假设网络共有 p 条从 s 到 t 的极小路：P_1, P_2, …, P_p，$F_j(1 \leq j \leq p)$ 代表第 j 条极小路 P_j 中的网络流量，将各个 $F_j(1 \leq j \leq p)$ 组成的向量称为可行流向量，记作 F = (F_1, F_2, …, F_p)，则林森崇等人[105]提出的候选 d-极小路数学模型如下。

引理 4.1[105]：给定容量向量 x = (x_1, x_2, …, x_m)，如果 x 是候选 d-极小路，当且仅当下面的条件成立：

$$F_1 + F_2 + \cdots + F_p = d \qquad (4.1)$$

$$0 \leq F_j \leq CP_j, \text{ 其中 } j = 1, 2, \cdots, p \qquad (4.2)$$

$$0 \leq x_i = \sum_{e_i \in P_j} F_j \leq W_i, \text{ 其中 } i = 1, 2, \cdots, m \qquad (4.3)$$

其中，$CP_j = \min\{W_i | e_i \in P_j\}$ 是第 j 条极小路的最大容量。在引理 4.1 中，式 (4.1) 保证网络在容量向量 x 下的容量水平（从 s 到 t 的最大网络流量）为 d，即满足 d-极小路定义中的式 (4.1)。式 (4.2) 是对可行流 F_j 上、下界的约束，也就是说，通过每条极小路的网络流量不能超过该极小路的容量限制。式 (4.3) 代表每条边当前的容量与通

过该边的可行流之间的关系,且指明每条边的容量取值范围。

根据引理 4.1,林森崇等人[105]指出,一般的隐式枚举法都可以用来求解候选 d – 极小路。后来,大多数关于候选 d – 极小路的求解算法都建立在引理 4.1 的基础之上。在引理 4.1 中,显然,满足式(4.1)和式(4.2)的解的数量(可行流向量的数量)为

$$\min\left\{\binom{p+d-1}{d}, \prod_{j=1}^{p}(1+\min\{CP_j, d\})\right\} \quad (4.4)$$

而根据式(4.3)把每个可行流向量转化为候选 d – 极小路需要 $O(mp)$ 时间,因此,根据引理 4.1 求解候选 d – 极小路的时间复杂度为

$$O\left(\min\left\{\binom{p+d-1}{d}, \prod_{j=1}^{p}(1+\min\{CP_j, d\})\right\}\right) \quad (4.5)$$

因此,根据上面的分析很容易获得如下的结论:在引理 4.1 的模型中,变量的数目为 p,约束条件的数目为 m + p + 1,而根据引理 4.1 求解候选 d – 极小路的时间复杂度则为 $O\left(\min\left\{\binom{p+d-1}{d}, \prod_{j=1}^{p}(1+\min\{CP_j, d\})\right\}\right)$,该时间复杂度与网络的极小路数目正相关。注意到,随着网络规模的增大(即网络中边和点的数目的增加),网络中的极小路的数量呈指数增加,因此,数学模型一的时间复杂度随着网络规模呈指数增加。

4.3.2 候选 d – 极小路模型二

前面的候选 d – 极小路数学模型需要网络的所有极小路信息,不需要知道网络极小路信息,叶维彰[112]根据网络最大流数学规划模型中的流守恒条件建立了如下的候选 d – 极小路数学模型。

引理 4.2[112]:给定容量向量 $x = (x_1, x_2, \cdots, x_m)$,如果 x 是候选 d – 极小路,当且仅当下面的条件成立:

$$\sum_{e_i \in (s, \cdot)} x_i = \sum_{e_j \in (\cdot, t)} x_j = d \qquad (4.6)$$

$$\sum_{e_i \in (\cdot, v)} x_i = \sum_{e_j \in (v, \cdot)} x_j, \text{其中} v \in \{1, 2, \cdots, n\} \qquad (4.7)$$

$$0 \leq x_i \leq \min\{W_i, d\}, \text{其中} 1 \leq i \leq m \qquad (4.8)$$

其中，$(v, \cdot)$ 表示从点 v 发出的边组成的集合，$(\cdot, v)$ 表示指向点 v 的边组成的集合。式 (4.6) 保证从源点 s 流出的流量与流入汇点 t 的流量都等于 d；式 (4.7) 保证整个网络中的网络流要满足流守恒；式 (4.8) 表明通过各条边的网络流量不能超过该边的容量限制。

引理 4.2 表明，由式 (4.8) 所决定的容量向量的数量为

$$\prod_{i=1}^{m}(\min\{W_i, d\} + 1) \qquad (4.9)$$

对于给定的容量向量 x 来说，验证式 (4.6) 和式 (4.7) 需要 $O(n)$ 时间，因此，利用引理 2.2 求解候选 d-极小路的时间复杂度为

$$O(n \prod_{i=1}^{m}(\min\{W_i, d\} + 1)) \qquad (4.10)$$

因此，根据上面的分析可得如下的结论：在引理 4.2 的模型中，变量的数目为 m，约束条件的数目为 m+n+2，而根据引理 4.1 求解候选 d-极小路的时间复杂度则为 $O(n \prod_{i=1}^{m}(\min\{W_i, d\} + 1))$，该时间复杂度与网络中的点与边的数目正相关。

4.3.3 候选 d-极小路验证方法

文献 [105] 曾指出，候选 d-极小路不一定是 d-极小路，所以，还需要对候选 d-极小路进行验证，以进一步确定它是否为 d-极小路。现有文献中主要包括三种候选 d-极小路验证方法，分别为定义法、比较法、验圈法，下面分别给予介绍。

(1) 定义法

对于候选 d-极小路 $x = (x_1, x_2, \cdots, x_m)$，令 $Z(X) = \{e_i \mid x_i > 0\} - st(e_i)$，其中 $st(e_i)$ 表示从源点 s 发出的边和指向汇点 t 的边所组成的集合，

即 $st(e_i) = (v, \cdot) \cup (\cdot, v)$。判定准则为：如果 $M(x-O(e_i)) < d$ 对于所有的 $e_i \in Z(X)$ 成立，则 x 是 d - 极小路。根据定义法，先确定容量状态大于 0 的边（不包括源点 s 发出的边和指向汇点 t 的边），对于这些边再验证 $M(x-O(e_i)) < d$ 是否成立。很显然，定义法的时间复杂度为 $O(mn^2\log^3 n\pi)$，其中 π 代表候选 d - 极小路的数量。

（2）比较法

已知 x 为候选 d - 极小路，如果不存在其他候选 d - 极小路 y，使得 x > y 成立，则 x 为 d - 极小路。比较法本质上是把每个候选 d - 极小路与其他所有的候选 d - 极小路进行比较，以确定该候选 d - 极小路是否为 d - 极小路，从容量向量比较运算的过程不难得出，比较法的时间复杂度为 $O(m\pi^2)$，其中 π 代表候选 d - 极小路的数量。

（3）验圈法

已知 x 为候选 d - 极小路，如果 x 中不存在有向圈，则 x 为 d - 极小路，其中，有向圈是指，当网络在容量向量 x 下时，从某点出发沿有向路径行走，最后又回到该出发点称为一个有向圈（也就是有向回路）。鉴于验圈法寻找的是有向回路，因此，它只适用于有向网络。同时，容易得出验圈法的时间复杂度为 $O(n\pi)$，其中 π 代表候选 d - 极小路的数量。

上面的分析表明，三种候选 d - 极小路验证方法的时间复杂度从高到低的顺序依次为比较法、定义法、验圈法。虽然验圈法的验证效率最高，但验圈法只适用于有向网络，而其他两种方法既适用于有向网络，同时又适用于无向网络。另外，对于一个无圈有向网络来说，林森崇等人[105]从理论上证明候选 d - 极小路一定是 d - 极小路，因此，在求解过程中不需要再对候选 d - 极小路进行验证。

4.4 候选 d - 极小路的改进数学模型

通过理论分析，叶维彰[112]认为基于引理 4.2 的模型的时间复杂度小于基于引理 4.1 的模型的时间复杂度,但注意到引理 4.2 中的模型是建立在网络中的边都是有向边的基础上,如果利用引理 4.2 中的模型来求解无向网络的候选 d - 极小路,则需要把无向网络的每条无向边用两条有向边来替代[114],此时也就意味着网络中的边的数目将增加一倍,从而将大幅提高模型的求解复杂度。相对于引理 4.1,引理 4.2 中的模型适用于求解任何类型的网络,并且,陈信广和林义贵最近提出引理 4.1 中的模型可以通过快速枚举法来高效地求解。在下面的讨论中,本章将引入容量下界的概念,并对引理 4.1 中的模型做进一步的改进。

4.4.1 容量下界的概念

首先,本节通过一个简单的例子引入容量下界的概念,并解释说明容量下界的作用。图 4.1 所示的网络有三条边,各边的最大容量分别为 $W_1 = 3$,$W_2 = 2$,$W_3 = 2$。在网络中,从源点 s 到汇点 t 共有 2 条极小路,即 $P_1 = \{e_1, e_2\}$,$P_2 = \{e_3\}$,通过 P_1,P_2 的网络流量分别为 F_1,F_2。假设网络的容量水平 d = 3,(即求 3 - 极小路),则根据引理 4.1 中的数学模型,候选 3 - 极小路 $x = (x_1, x_2, x_3)$ 应满足如下条件:

$$F_1 + F_2 = 3 \tag{4.11}$$

$$0 \leqslant F_1 \leqslant 2 \tag{4.12}$$

$$0 \leqslant F_2 \leqslant 2 \tag{4.13}$$

$$0 \leqslant x_1 = F_1 \leqslant 3 \tag{4.14}$$

$$0 \leqslant x_2 = F_1 \leqslant 2 \tag{4.15}$$

$$0 \leqslant x_3 = F_2 \leqslant 2 \tag{4.16}$$

经过整理可得候选 3 - 极小路 $x = (x_1, x_2, x_3)$ 应满足的条件为:

$$F_1 + F_2 = 3 \tag{4.17}$$

$$0 \leqslant F_1 \leqslant 2 \tag{4.18}$$

$$0 \leqslant F_2 \leqslant 2 \tag{4.19}$$

$$x_1 = F_1 \tag{4.20}$$

$$x_2 = F_1 \tag{4.21}$$

$$x_3 = F_2 \tag{4.22}$$

显然，满足式（4.18）~式（4.19）的解的数量为9，也就是说，需要对9个可行流向量（F_1，F_2）进行验证以确定它们是否满足容量水平 d = 3（即 $F_1 + F_2 = 3$），然后再根据式（4.20）~式（4.22）把可行流向量转化为候选 3 - 极小路。

另外，很显然，当网络中的任何一条边的容量为 0 时，网络从 s 到 t 的最大流量都小于 3（即网络的容量水平小于 3），此时，对应的容量向量一定不是 3 - 极小路。因此，如果 x = (x_1，x_2，x_3) 是 3 - 极小路，则每个 x_i(1≤i≤3) 都应该大于 0。实际上，经过简单的分析不难得出，为确保网络能够把 3 单位的网络流从源点 s 输送到汇点 t，每条边的容量都必须大于等于 1，即各边的容量状态满足如下的关系：

$$1 \leqslant x_1 \leqslant 3 \tag{4.23}$$

$$1 \leqslant x_2 \leqslant 2 \tag{4.24}$$

$$1 \leqslant x_3 \leqslant 2 \tag{4.25}$$

此时，根据引理 4.1 中的数学模型，候选 3 - 极小路 x = (x_1，x_2，x_3) 应满足如下条件：

$$F_1 + F_2 = 3 \tag{4.26}$$

$$0 \leqslant F_1 \leqslant 2 \tag{4.27}$$

$$0 \leqslant F_2 \leqslant 2 \tag{4.28}$$

$$1 \leqslant x_1 = F_1 \leqslant 3 \tag{4.29}$$

$$1 \leqslant x_2 = F_1 \leqslant 2 \tag{4.30}$$

$$1 \leqslant x_3 = F_2 \leqslant 2 \tag{4.31}$$

经过整理可得候选 3 - 极小路 x = (x_1，x_2，x_3) 应满足的条件为：

$$F_1 + F_2 = 3 \tag{4.32}$$

$$1 \leqslant F_1 \leqslant 2 \tag{4.33}$$

$$1 \leqslant F_2 \leqslant 2 \tag{4.34}$$

$$x_1 = F_1 \tag{4.35}$$

$$x_2 = F_1 \quad (4.36)$$
$$x_3 = F_2 \quad (4.37)$$

显然，满足式（4.33）~式（4.34）的解的数量为4，因此，只需要对4个可行流向量（F_1，F_2）进行验证以确定它们是否满足容量水平 d = 3（即 $F_1 + F_2 = 3$），然后再根据式（4.35）~式（4.37）把可行流向量转化为候选3-极小路。

前后比较可以看出，当缩小边 e_i（1≤i≤3）的容量取值范围后，可行流向量的数量比原数量大幅减少。正是基于这样的考虑，下面尝试通过引入容量下界的概念来缩小各条边的容量取值范围，以此提高候选 d-极小路的搜索效率。

定义4.1：给定容量水平 d，容量下界 $L(e_i)$（1≤i≤m）是指在保证网络能够把 d 单位的网络流从源点 s 输送到汇点 t 的条件下边 e_i 的最小容量状态。

根据容量下界的定义，$L(e_i)$ 代表边 e_i 应保持的最低容量水平，使得网络的容量水平大于等于 d。下面给出计算容量下界的具体方法，该方法借鉴了文献［114］中的相关方法。

定理4.1：给定容量水平 d（0 < d ≤ M(W)），令 $W(0_i) = (W_1, W_2, \cdots, W_{i-1}, 0, W_{i+1}, \cdots, W_m)$，则有

$$L(e_i) = \begin{cases} 0 & \text{当 } M(W(0_i)) \geq d \\ d - M(W(0_i)) & \text{当 } M(W(0_i)) < d \end{cases} \quad (4.38)$$

证明：显然每条边的最小容量都大于等于0，即 $L(e_i) \geq 0$ 成立。如果 $M(W(0_i)) \geq d$，这说明当边 e_i 的容量状态为0时（即 e_i 处于最小容量状态），网络也能够把 d 单位的网络流从源点 s 输送到汇点 t，因此，根据定义可得 $L(e_i) = 0$。

另外，如果 $M(W(0_i)) < d$，因为 M(W) ≥ d，则当网络能够把 d 单位的网络流从源点 s 输送到汇点 t 时，至少 $d - M(W(0_i))$ 单位的网络流必须通过边 e_i，因此，$L(e_i) = d - M(W(0_i))$。

定理 4.1 表明，我们只需要计算 $M(W(O_i))$ 便可确定 $L(e_i)(1 \leq i \leq m)$ 的值。计算 $M(W(O_i))$ 的时间复杂度为 $O(n^2 \log^3 n)$（即计算网络最大流的时间复杂度[151,152]），因此，寻找所有边的容量下界的时间复杂度为 $O(mn^2 \log^3 n)$。容量下界的概念及其计算方法已经给出，接下来将从理论上进一步揭示容量下界的特殊作用，并建立候选 d-极小路的改进数学模型。

4.4.2 改进数学模型

前面的例子分析已经表明，容量下界是对 d-极小路中边的最小容量的更紧约束，下面的定理则从理论上支持了这一结论。

定理 4.2：给定容量向量 $x = (x_1, x_2, \cdots, x_m)$，如果 x 是 d-极小路，则 $L(e_i) \leq x_i (1 \leq i \leq m)$。

证明：如果 $L(e_i) = 0$，则显然 $L(e_i) \leq x_i$ 成立。

假设 $x_i < L(e_i)$。x 是 d-极小路，则 $M(x) = d$。令容量向量 $y = (W_1, W_2, \cdots, W_{i-1}, x_i, W_{i+1}, \cdots, W_m)$，即 $y_i = x_i$，$y_j = W_j$ 当 $j \neq i$（$1 \leq j \leq m$），则显然 $y \geq x$，从而 $M(y) \geq d$。因此，根据容量下界的定义，$L(e_i) \leq x_i$，这与假设矛盾，因此，假设不成立。即仍然有 $L(e_i) \leq x_i (1 \leq i \leq m)$。

定理 4.2 从理论上证明容量下界是 d-极小路中各边容量状态的更紧约束，即每条边的容量状态大于等于该边的容量下界，所以，引理 4.1 中每条边的最小容量便为该边的容量下界，而不是 0，从而建立候选 d-极小路改进数学模型。

定理 4.3：给定容量向量 $x = (x_1, x_2, \cdots, x_m)$，如果 x 是候选 d-极小路，当且仅当下面的条件成立：

$$F_1 + F_2 + \cdots + F_p = d \quad (4.39)$$

$$0 \leq F_j \leq CP_j, \text{ 其中 } j = 1, 2, \cdots, p \quad (4.40)$$

$$L(e_i) \leq x_i = \sum_{e_i \in P_j} F_j \leq W_i, \text{ 其中 } i = 1, 2, \cdots, m \quad (4.41)$$

证明： 根据引理 4.1 和定理 4.2 可得。

另外，由式（4.39）显然可得 $F_j \leq d$，$\sum_{e_i \in P_j} F_j \leq d$，因此，可进一步得到如下的数学模型。

定理 4.4： 给定容量向量 $x = (x_1, x_2, \cdots, x_m)$，如果 x 是候选 d-极小路，当且仅当下面的条件成立：

$$F_1 + F_2 + \cdots + F_p = d \quad (4.42)$$

$$0 \leq F_j \leq \min\{CP_j, d\}, \text{ 其中 } j = 1, 2, \cdots, p \quad (4.43)$$

$$L(e_i) \leq x_i = \sum_{e_i \in P_j} F_j \leq \min\{W_i, d\}, \text{ 其中 } i = 1, 2, \cdots, m \quad (4.44)$$

显然，x_i 在式（4.44）中的取值范围小于等于在式（4.3）中的取值范围，从而有助于减少可行流向量的数量。特别地，如果边 e_i 满足 $L(e_i) > 0$，则条件（4.44）中 x_i 的取值范围将小于式（4.3）中 x_i 的取值范围。

4.5 重复 d-极小路的识别

在 d-极小路问题中，重复 d-极小路的判定和识别是一个重要问题。所谓重复 d-极小路是指在最后求得的 d-极小路集合中可能会包含多个完全相同的 d-极小路。重复 d-极小路会显著增加可靠性计算的复杂度，但对可靠性值没有任何影响，因此，有必要找到重复 d-极小路，并把它们从 d-极小路集合中删除。

引理 4.1 中的数学模型及其定理 4.3 和定理 4.4 中的改进数学模型都有可能会产生重复 d-极小路，删去重复 d-极小路最简单的方法是比较法，即通过两两比较来确定某个 d-极小路是否是重复 d-极小路，该方法已经被文献[105-107,109]所广泛应用。但由于 d-极小路的数量巨大，且比较法的比较对象是一个 m 维的向量，因此，该方法的最大缺陷是识别效率很低。鉴于此，本章接下来将引入一种新的思路来识别重复 d-极小路。

本章引入的方法需要用到素数的概念，素数是指在大于 1 的自然数中，除了 1 和其自身外不再具有其他因数的数。换句话说，只有两个正因数（1 和自身）的自然数即为素数。令 λ_i 表示素数集合中的第 i 个素数，即 $\lambda_1 = 2$，$\lambda_2 = 3$，$\lambda_3 = 5$，$\lambda_4 = 7$，…，对于给定的状态向量 x = $(x_1, x_2, \cdots, x_m)$，定义其关联值为 $\Psi(x)$，且表示为如下关系式：

$$\Psi(x) = \sum_{i=1}^{m} x_i \log \lambda_i \tag{4.45}$$

注意到上面的关系式也可写成另外一种形式，即 $\Psi(x) = \sum_{i=1}^{m} x_i \log \lambda_i = \log(\prod_{i=1}^{m} \lambda_i^{x_i})$。下面的结论表明，某个状态向量 x 与其关联值 $\Psi(x)$ 之间构成一一对应关系。

定理 4.5：对于任意的两个状态向量 x 与 y，$\Psi(x) = \Psi(y)$ 当且仅当 x = y。

证明：证明过程分为两个部分。

当 x = y，则根据关联值的定义 $\Psi(x) = \Psi(y)$ 显然成立。

当 $\Psi(x) = \Psi(y)$ 时，如果 x ≠ y，令 z = min{x, y} = (min{x_1, y_1}, min{x_2, y_2}, …, min{x_m, y_m})，则显然 $\prod_{i=1}^{m} \lambda_i^{z_i}$ 是 $\prod_{i=1}^{m} \lambda_i^{x_i}$ 和 $\prod_{i=1}^{m} \lambda_i^{y_i}$ 的共同因子；并且，$\prod_{i=1}^{m} \lambda_i^{x_i} / \prod_{i=1}^{m} \lambda_i^{z_i} = \prod_{i=1}^{m} \lambda_i^{(x_i - z_i)}$ 和 $\prod_{i=1}^{m} \lambda_i^{y_i} / \prod_{i=1}^{m} \lambda_i^{z_i} = \prod_{i=1}^{m} \lambda_i^{(y_i - z_i)}$ 没有共同因子。因此，可得 $\prod_{i=1}^{m} \lambda_i^{(x_i - z_i)} \neq \prod_{i=1}^{m} \lambda_i^{(y_i - z_i)}$，从而有 $\prod_{i=1}^{m} \lambda_i^{x_i} \neq \prod_{i=1}^{m} \lambda_i^{y_i}$，即 $\log(\prod_{i=1}^{m} \lambda_i^{x_i}) \neq \log(\prod_{i=1}^{m} \lambda_i^{y_i})$，也即 $\Psi(x) \neq \Psi(y)$。与已知矛盾，所以，$\Psi(x) = \Psi(y)$ 必有 x = y 成立。

根据定理 4.5，对于每个 d-极小路 x，利用式（4.45）可得其对应的关联值 $\Psi(x)$，因为 $\Psi(x)$ 本身是一个数，利用常见的归并排序方法便可实现对所有 d-极小路的关联值进行排序，从而通过重复关联值来确定其对应的重复 d-极小路。下面的结论表明该方法的效率远高于比较法的效率。

定理4.6 假设d-极小路的数量为π,则比较法识别并删除重复d-极小路的时间复杂度为$O(m\pi^2)$;基于定理4.5的归并排序法识别并删除重复d-极小路的时间复杂度为$O(m\pi+\pi\log\pi)$。

证明:在判定所有重复d-极小路过程中,比较法总共需要执行$\pi(\pi-1)/2$次向量比较运算,每一次比较运算的时间复杂度为$O(m)$,因此,比较法识别并删除重复d-极小路的时间复杂度为$O(m\pi^2)$。

显然,当$\log\lambda_i$已知时,计算d-极小路x对应的关联值$\Psi(x)$的时间复杂为$O(m)$,因此,计算所有d-极小路的关联值的时间复杂度为$O(m\pi)$,利用归并排序法识别并删除重复关联值的时间复杂度为$O(\pi\log\pi)$(其中π也代表关联值的总数)。因此,基于定理4.5的归并排序法识别并删除重复d-极小路的时间复杂度为$O(m\pi+\pi\log\pi)$。

因为$(m+\log\pi)<m\pi$,则有$(m\pi+\pi\log\pi)<m\pi^2$,即$O(m\pi+\pi\log\pi)<O(m\pi^2)$。也就是说,基于定理4.5的归并排序法的时间复杂度低于比较法的时间复杂度,所以拥有更高的识别效率。

4.6 提出的算法及算例分析

4.6.1 算法步骤

根据前面各节的讨论及定理4.3中的数学模型,下面给出求解网络d-极小路的算法步骤。

d-极小路算法:

步骤1 利用定理4.1计算各条边的容量下界$L(e_i)(1\leq i\leq m)$。

步骤2 根据定理4.4求解满足式(4.42)~式(4.44)的所有可行流向量$F=(F_1,F_2,\cdots,F_p)$。

步骤 3 根据式（4.44）中的关系式 $x_i = \sum_{e_i \in P_j} F_j$ 把每个可行流向量 $F = (F_1, F_2, \cdots, F_p)$ 转化为对应的候选 d-极小路。

步骤 4 如果网络为有向网络，利用验圈法验证每个候选 d-极小路是否是 d-极小路；否则，利用定义法验证每个候选 d-极小路是否是 d-极小路。

步骤 5 计算所有 d-极小路的关联值，利用归并排序法识别重复关联值，并删除重复关联值对应的 d-极小路。

步骤 3 的目的是把每个可行流向量转化为对应的容量向量，即候选 d-极小路；前面已经指出，验圈法只适用于有向网络，而定义法和比较法不仅适用于有向网络，同时也适用于无向网络，但比较法的时间复杂度很高。因此，如果是求解有向网络，在步骤 4 中建议利用验圈法来验证候选 d-极小路，反之，则建议使用比较法来验证候选 d-极小路。步骤 5 的目的是识别并删去重复的 d-极小路。

下面分析算法每个步骤的时间复杂度。前面的分析表明，计算网络所有边的容量下界的时间复杂度为 $O(mn^2\log^3 n)$。求解满足式（4.42）~式（4.44）的所有可行流向量的时间复杂度为 $\text{Min}\left\{\binom{p+d-1}{d}, \prod_{j=1}^{p}(1+\text{Min}\{F_j, d\})\right\}$，对于每个可行流向量来说，需要 $O(mp)$ 时间把其转化为候选 d-极小路，因此，步骤 2 和步骤 3 总的时间复杂度为 $O\left(mp\,\text{Min}\left\{\binom{p+d-1}{d}, \prod_{j=1}^{p}(1+\text{Min}\{F_j, d\})\right\}\right)$。给定一个候选 d-极小路，利用验圈法验证候选 d-极小路是否是 d-极小路的时间复杂度为 $O(n\pi)$，其中，π 为 d-极小路的总数；而利用定义法验证候选 d-极小路是否是 d-极小路的时间复杂度为 $O(mn^2\log^3 n\pi)$。根据定理 4.6，步骤 5 识别并删除重复 d-极小路的时间复杂度为 $O(m\pi + \pi\log\pi)$。

需要指出的是，通常利用枚举法来求解满足式（4.42）~式

(4.44）的所有可行流向量，传统的枚举法在求解可行解方面效率较低。最近，文献［109］给出了一种改进的枚举法，称作快速枚举法。并且，数值实验证明，快速枚举法比传统枚举法的效率高出很多，因此，这里建议利用快速枚举法来求解约束条件式（4.42）~式（4.44）的可行解。下面简单介绍快速枚举法的算法思想。

快速枚举法的核心思想是对约束条件进行重新分类，整理，把变量相同或相近的约束条件归于同一类型，然后再进行枚举运算。下面仅给出陈信广和林义贵[109]提出的快速枚举法的实现步骤，关于该算法的具体内容可参见文献［109］。

在求解候选 d - 极小路时，把式（4.42）和式（4.43）看作约束条件，而把每个变量的取值范围（由式（4.44）决定）看作 for 循环，则快速枚举法的实现步骤如下[109]：

步骤1 根据约束条件包含变量的数量，以降序的方式对约束条件进行排序；

步骤2 根据约束条件是否包含相同变量对约束条件进行分组；

步骤3 把变量构成的 for 循环插入其对应的约束条件位置。

通过以上步骤可以看出，快速枚举法的核心是对约束条件进行重新排序和整合，并在此基础上把变量插入恰当的约束位置，以实现快速枚举的目的。

4.6.2 算例分析

我们把网络作为分析对象来阐明算法的计算过程见图 4 - 3。

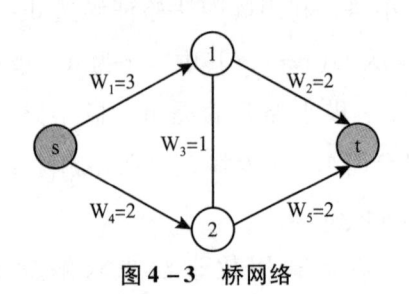

图 4 - 3 桥网络

4 煤炭物流运输网络能力可靠性评估

图 4-3 中的网络是经典的桥网络，该网络共有 4 个点，5 条边，各条边的随机容量及其概率分布见表 4.1。网络中共有 4 条从 s 到 t 的极小路：$P_1 = \{e_1, e_2\}$，$P_2 = \{e_1, e_3, e_5\}$，$P_3 = \{e_4, e_5\}$，$P_4 = \{e_4, e_3, e_2\}$。假设网络的容量水平 d = 3，下面计算可靠性 R_3，该网络能够把 3 单位的网络流（煤炭商品流）从源点 s 输送到汇点 t 的概率。根据前面提出的算法首先寻找 3-极小路，再通过容斥定理方法计算 R_3。求解 3-极小路的具体步骤如下：

表 4-1　　　　　　　　图 4-3 中各边的数据

边	容量				容量概率			
e_1	0	1	2	3	0.05	0.10	0.25	0.60
e_2	0	1	2	—	0.10	0.30	0.60	—
e_3	0	1	—	—	0.10	0.90	—	—
e_4	0	1	2	—	0.05	0.25	0.70	—
e_5	0	1	2	—	0.10	0.20	0.70	—

步骤 1　根据定理 4.1 很容易得到 $L(e_1) = 1$；类似地，$L(e_2) = 1$；$L(e_3) = 0$；$L(e_4) = 0$；$L(e_5) = 1$。为清楚起见，5 条边的容量下界见表 4-2。

表 4-2　　　　　　　　d = 3 时边的容量下界

边	e_1	e_2	e_3	e_4	e_5
容量下界	1	1	0	0	1

步骤 2　采用枚举法求解满足下面条件的所有可行流向量 $F^i = (F_1, F_2, F_3, F_4)$：

$$F_1 + F_2 + F_3 + F_4 = 3 \quad (4.46)$$

$$0 \leq F_1 \leq 2 \quad (4.47)$$

$$0 \leq F_2 \leq 1 \quad (4.48)$$

$$0 \leq F_3 \leq 2 \quad (4.49)$$

$$0 \leq F_4 \leq 1 \quad (4.50)$$

$$1 \leq F_1 + F_2 \leq 3 \quad (4.51)$$

$$1 \leq F_1 + F_4 \leq 2 \quad (4.52)$$

$$0 \leq F_2 + F_4 \leq 1 \quad (4.53)$$

$$0 \leq F_3 + F_4 \leq 2 \quad (4.54)$$

$$1 \leq F_2 + F_3 \leq 2 \quad (4.55)$$

可得可行流向量为 $F^1 = (1, 0, 1, 1)$，$F^2 = (1, 0, 2, 0)$，$F^3 = (1, 1, 1, 0)$，$F^4 = (2, 0, 1, 0)$，$F^5 = (2, 1, 0, 0)$。

步骤 3 根据式 (4.44) 中的关系式 $x_i = \sum_{e_i \in P_j} F_j$ 把每个可行流向量 $F^i (1 \leq i \leq 5)$ 转化为候选 3 - 极小路：$x^1 = (1, 2, 1, 2, 1)$，$x^2 = (1, 1, 0, 2, 2)$，$x^3 = (2, 1, 1, 1, 2)$，$x^4 = (2, 2, 0, 1, 1)$，$x^5 = (3, 2, 1, 0, 1)$。

步骤 4 利用定义容易验证每个 $x^i (1 \leq i \leq 5)$ 都是 3 - 极小路。

步骤 5 计算每个 3 - 极小路的关联值，$\Psi(x^1) = 1 \times \log 2 + 2 \times \log 3 + 1 \times \log 5 + 2 \times \log 7 + 1 \times \log 11 = 10.7895$，类似地，可得 $\Psi(x^2) = 10.4794$；$\Psi(x^3) = 10.8360$；$\Psi(x^4) = 7.9273$；$\Psi(x^5) = 8.2840$。利用归并排序法对 5 个关联值进行排序后容易验证不存在重复关联值，因此，最后得到的 3 - 极小路中不存在重复 3 - 极小路。为了清楚起见，最后的求解结果见表 4.3。

表 4 - 3　　　　　　　　算法的求解结果

i	可行流向量 F^i	对应的候选 3 - 极小路	是否是 3 - 极小路	对应的关联值	是否是重复 3 - 极小路
1	$F^1 = (1, 0, 1, 1)$	$x^1 = (1, 2, 1, 2, 1)$	是	10.7895	否
2	$F^2 = (1, 0, 2, 0)$	$x^2 = (1, 1, 0, 2, 2)$	是	10.4794	否

续表

i	可行流向量 F^i	对应的候选 3-极小路	是否是 3-极小路	对应的关联值	是否是重复 3-极小路
3	$F^3 = (1, 1, 1, 0)$	$x^3 = (2, 1, 1, 1, 2)$	是	10.8360	否
4	$F^4 = (2, 0, 1, 0)$	$x^4 = (2, 2, 0, 1, 1)$	是	7.9273	否
5	$F^5 = (2, 1, 0, 0)$	$x^5 = (3, 2, 1, 0, 1)$	是	8.2840	否

从表 4.3 可以看出，图 4-3 所示的网络总共有 5 个 3-极小路：$x^1 = (1, 2, 1, 2, 1)$，$x^2 = (1, 1, 0, 2, 2)$，$x^3 = (2, 1, 1, 1, 2)$，$x^4 = (2, 2, 0, 1, 1)$，$x^5 = (3, 2, 1, 0, 1)$，令 $A_1 = \{x \mid x \geq x^1\}$，$A_2 = \{x \mid x \geq x^2\}$，$A_3 = \{x \mid x \geq x^3\}$，$A_4 = \{x \mid x \geq x^4\}$，$A_5 = \{x \mid x \geq x^5\}$，根据容斥定理公式可得 $R_3 = 0.6674$，即该网络以 0.6674 的概率（可靠性）能够把 3 单位的网络流（煤炭商品流）从源点 s 成功输送到汇点 t。

4.7 数值试验及结果分析

本节主要检验提出的算法的计算效率。注意到定理 4.4 是提出的算法的理论基础，且是对引理 4.1 中数学模型的改进。鉴于陈信广和林义贵[109]的算法同样基于引理 4.1，且其计算效率被证明高于林森崇等人[105]的算法、林义贵的算法[106]，以及叶维彰的算法[107]的计算效率，下面把陈信广和林义贵的算法作为比较对象（两种算法都在 MATLAB 上编程实现），以此检验提出的算法的性能。

数值试验的第一个基准网络见图 4-4，网络中每条边的最大容量随机选取为 $W_1 = 9$，$W_2 = 5$，$W_3 = 4$，$W_4 = 6$，$W_5 = 4$，$W_6 = 5$，$W_7 = 4$，$W_8 = 6$，$W_9 = 9$。网络在最大容量向量 W 下的最大流量为 M（W）= 14。为了更全面地展示两种算法的求解效率，两种算法都计算了多种容量水平下的 d-极小路，其中 d 的取值从 1 到最大值 14。针对每种 d-

极小路，两种算法的计算时间汇总见表4-4，而且，表4-4也给出了算法的相对效率。与此同时，表4-4也给出了d-极小路的数量以及重复d-极小路的数量，以便分析两种算法的计算时间与它们之间的关系。

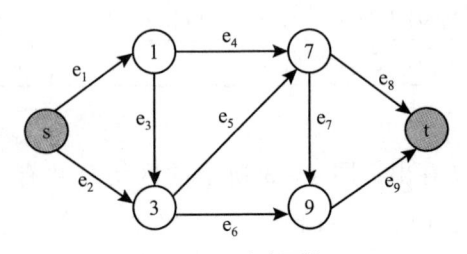

图4-4 测试网络1

表4-4 两种算法的计算效率

d-极小路	d-极小路的数量	重复d-极小路的数量	时间（s） T_{CL}	时间（s） T	相对比值 T_{CL}/T
1-极小路	8	0	0.039	0.038	1.026
2-极小路	31	5	0.049	0.041	1.195
3-极小路	85	35	0.173	0.042	4.119
4-极小路	190	140	0.973	0.049	19.857
5-极小路	305	401	3.237	0.057	56.789
6-极小路	407	823	7.454	0.074	100.730
7-极小路	465	1341	12.661	0.095	133.274
8-极小路	465	1811	16.793	0.111	151.288
9-极小路	407	2065	15.553	0.118	131.805
10-极小路	290	1979	10.757	0.105	102.448
11-极小路	175	1577	5.148	0.081	63.556
12-极小路	75	1016	1.668	0.064	26.063
13-极小路	25	479	0.324	0.047	6.894
14-极小路	5	130	0.060	0.042	1.429

注：T_{CL}代表陈信广和林义贵的算法[107]的求解时间，T代表提出的算法的求解时间。

根据表4-4中的结果,特作如下分析:

①无论求解哪一种容量水平对应的d-极小路,本章的算法的运行时间都小于陈信广和林义贵的算法[107]的运行时间,这清楚地表明本章的算法的计算效率高于陈信广和林义贵的算法的计算效率。这样的计算结果显然与前面的理论分析结果相一致,陈信广和林义贵的算法的理论基础是引理4.1,本章算法的理论基础是定理4.4,而定理4.4是对引理4.1的进一步改进;另外,本章通过引入d-极小路的关联值概念,提出了一种新的方法来识别和删除重复d-极小路,该方法的判定效率明显胜过陈信广和林义贵所采用的比较法的判定效率。

②当容量水平d的值较小时(d小于等于2),两种算法计算效率的差别不明显;但随着容量水平d的值逐渐增大,两种算法计算效率的差别就变得愈加明显。例如,当d从3增大到8的过程中,本章的算法的计算效率分别是陈信广和林义贵的算法的4.119倍,19.857倍,56.789倍,100.730倍,133.274倍和151.288倍。但从d=9开始,两种算法的计算效率的差别又逐渐缩小,即便如此,本章的算法在d-极小路的计算效率方面仍然具有显著的优势。

③在d从1增大到8的过程中,d-极小路的数量不断增加,两种算法的计算时间也不断增加,但本章的算法计算时间的增加幅度明显小于陈信广和林义贵的算法计算时间的增加幅度。而在d从9增大到14的过程中,d-极小路的数量不断减少,两种算法的计算时间也不断减少,由此可见,两种算法的计算时间与d-极小路的数量呈现正相关的关系。

④注意到两种算法求得的7-极小路的数量和求得的8-极小路数量相同,都为465,但两种算法在求解7-极小路时的运行时间小于计算8-极小路时的运行时间,这是因为在求解7-极小路时出现了1341个重复的7-极小路,而在求解8-极小路时则出现了1811个重复的8-极小路,前面的分析表明,删除重复d-极小路需要花费大量的时间,因此,当出现更多重复d-极小路时,算法需要更长的计算时间。

⑤综合前面的分析可以得出,两种算法的计算时间不仅与d-极小

路的数量密切有关，而且与重复 d – 极小路的数量也密切相关。

4.8 多源点、多汇点网络的能力可靠性评估

需要指出的是，前面讨论的网络只包含一个源点和一个汇点，其中，源点代表煤炭的供应地（生产地），汇点代表煤炭的消费地。在实际的煤炭物流运输网络中，煤炭的供应地和消费地一般都有多个，这样的煤炭物流运输网络在建模过程中常被看作是一个包含多个源点、多个汇点的随机流网络，因此，有必要进一步讨论多源点、多汇点随机流网络的可靠性问题，该可靠性问题也称多终端网络可靠性问题（multi-terminal reliability problem）。下面将分析如何把提出的算法应用于求解多终端网络可靠性问题。

针对多源点、多汇点的网络，首先，对该网络进行化简操作，把它转化为只含一个源点、一个汇点的网络。其次，利用前面提出的算法求解化简后的网络的 d – 极小路问题。最后，再根据容斥定理公式或不交和公式计算可靠性。为简单起见，下面考虑一个特定的网络，该网络见图 4 – 5（a）。图 4 – 5（a）包含两个源点 s_1，s_2 和两个汇点 t_1，t_2，假设汇点 t_1，t_2 的需求水平分别为 d_1，d_2，下面讨论如何计算需求水平为 (d_1, d_2) 的多终端网络可靠性。

首先，构建一个虚构的源点 s 和一个虚构的汇点 t，使得从 s 发出的两条边分别和 s_1，s_2 相连接，从 t_1，t_2 发出的边和 t 相连，因此，含有两个源点、两个汇点的网络（图 4 – 5（a））就简化为只含有一个源点、一个汇点的网络，如图 4 – 5（b）所示；其次，因为在原网络中源点 t_1，t_2 的需求水平分别为 d_1，d_2，在化简后的网络中边 $t_1 \longrightarrow t$，$t_2 \longrightarrow t$ 的容量分别为固定值 d_1，d_2；而边 $s \longrightarrow s_1$ 的最大容量等于边 $s_1 \longrightarrow 1$ 的最大容量和边 $s_1 \longrightarrow 2$ 的最大容量之和，边 $s \longrightarrow s_2$ 的最大容量等于边 $s_2 \longrightarrow 1$ 的最大容量和边 $s_2 \longrightarrow 2$ 的最大容量之和；再次经过该化简操

作，本书提出的算法可以直接对图 4-5（b）中的网络求解 d-极小路，其中 $d = d_1 + d_2$。得到网络所有的 d-极小路以后，把边 s ⟶ s_1，s ⟶ s_2，t_1 ⟶ t，t_2 ⟶ t 的容量从 d-极小路中删去；最后利用容斥定理公式或不交和公式计算需求水平为（d_1, d_2）的多终端网络可靠性。

（a）含两个源点、两个汇点的网络　　　（b）只含一个源点、一个汇点的网络

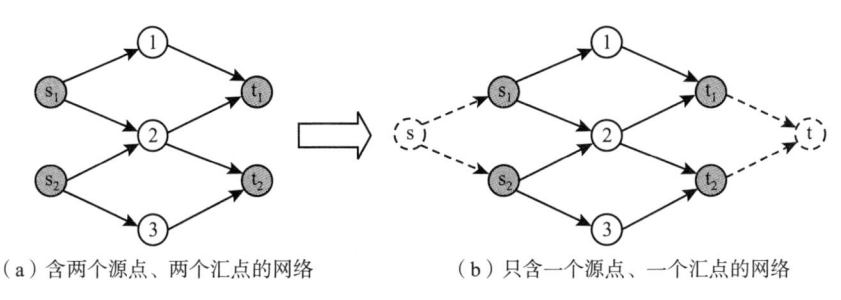

图 4-5　多源点、多汇点网络的化简

4.9　本章小结

在本章中，煤炭物流运输网络被建模为一个随机流网络（也称作多态流网络），网络的每条边具有随机的容量水平，该容量水平代表煤炭物流运输网络每条运输边的承载容量。在现实的运输环境中，各条运输边的承载容量通常不是一个确定的数值。因此，在建模过程中用容量概率分布来刻画每条边承载容量水平的随机性。煤炭物流运输网络的煤炭商品流在模型中被描述为网络流。

相对于网络连通可靠性，煤炭物流运输网络的能力可靠性不仅考虑网络连通性问题，而且同时考虑网络在运营过程中的输送能力问题。能力可靠性在随机流网络模型中被称作容量可靠性 R_d，其定义是指该网络能够把 d 单位的网络流量（代表煤炭需求量）从源点 s（代表煤炭产地）成功输送到汇点 t（代表煤炭消费地）的概率。多态极小路算法是

计算容量可靠性 R_d 最常见的算法之一，其核心是求得网络所有的多态极小路。为了寻找多态极小路，本章在传统多态极小路模型中引入容量下界的概念，其目的是缩减多态极小路的搜索空间，并由此构建多态极小路的改进数学模型。为了判定和识别求解过程中产生的重复 d – 极小路，本章通过引入状态向量的关联值概念，使得每个 d – 极小路与其关联值之间形成一一对应关系，利用归并排序法删去所有的重复关联值，剩下的关联值所对应的 d – 极小路便是所有非重复的 d – 极小路。在理论结果的基础上，本章提出了一种新的 d – 极小路求解算法。为了更好地理解算法的思想，我们严格按照求解步骤对一个简单网络的容量可靠性进行了计算。最后，通过数值试验对算法的性能进行了检验，结果表明，本章的算法在求解 d – 极小路方面具有明显的效率优势，从而为煤炭物流运输网络容量可靠性评估提供了一种新的有效方法。

5

运输费用约束下的煤炭物流运输网络能力可靠性评估

5.1 引　　言

　　煤炭作为散装货物，在长距离运输过程中具有体积大、污染环境等特性，再加上煤炭分布与煤炭消费在地理位置上的差距，从而导致煤炭的运输方式具有很大的局限性。当前，我国的煤炭运输可分为铁路运输、公路运输、水路运输三种主要运输方式。水路运输受限于水系的分布，且受季节性的影响较大；公路运输具有机动灵活的特点，无奈运输成本太高；铁路运输价格低廉，运输量大，多年来一直是煤炭货种最为适宜的运输方式。据统计，我国的煤炭60%以上依靠铁路运送。而当铁路运力趋于饱和，铁路运输无法满足实际需求时，增量部分就不得不采用公路等其他运输方式来完成配送。由于限制超载、过路费、燃油价格上涨以及煤炭自身污染环境等因素造成的成本增加造成了煤炭运输的成本不断上升。另外，更为严峻的是，近年来受雾霾加剧、经济放缓、能源消费总量控制等因素影响，煤炭行业的整体产能趋于过剩，从而导致煤炭价格持续下降。在这样的大背景下,煤炭企业要想立足甚至突围,控制成本成为重要的突破点。然而,值得注意的是,很多煤炭企业只强调生产环节的成本控制,而忽略了煤炭物流成本的支出,这一弊端如果得不到改善必将对煤炭企业经济效益产生极其严重的不利影响。

实践表明,物流成本是衡量物流系统运行效率的一个重要方面,同时也是影响煤炭企业发展极其关键的一个要素。据测算,物流成本在整个煤炭总成本中已经超过50%,煤炭物流的高成本已经严重影响煤炭企业的经营利润和长远发展,且在很大程度上导致煤炭价格的波动,进而对人们生活产生了巨大影响,更重要的是它会对上下游工业的生产经营状况产生直接的影响(例如对钢铁、水泥、火力发电等行业的影响)。因此,在煤炭物流运输网络的可靠性分析中,有必要把煤炭物流运输成本考虑进来,以便更加全面、科学地理解煤炭物流系统的运行效率,以及准确找到影响煤炭物流绩效的核心要素。

在本章的讨论中,煤炭物流运输网络的每条运输边都具有三个重要特性:随机运输能力,运输能力的概率分布以及单位运输费用。其中,单位运输费用是指单位煤炭商品的运输费用。运输费用约束下的能力可靠性是指,煤炭物流运输网络能够把一定的煤炭需求量从出发地运送到目的地,且总的运输费用不超过给定的预算的概率。和前一章类似,在后面的讨论中,本章仍然把能力可靠性称作容量可靠性,更具体地,运输费用约束下的容量可靠性 $R_{(d,c)}$ 是指运输网络能够把 d 单位的煤炭需求量从源点 s(即煤炭产地)成功输送到汇点 t(即煤炭消费地),且总的运输费用不超过给定的预算 c 的概率。

一般来说,计算 $R_{(d,c)}$ 的现有方法分为直接算法和间接算法。考虑二态网络可靠性模型,简进嘉[48]提出了一种分解算法来计算费用约束下的容量可靠性。后来,简进嘉和赖艺文[49]进一步考虑多态网络可靠性模型,并提出了一种类似的分解算法。评估 $R_{(d,c)}$ 的间接算法主要是指满足费用约束的多态极小路方法,满足费用约束的多态极小路通常又称 (d,c)-极小路,求解网络所有的 (d,c)-极小路是间接算法的首要目标。

目前,求解(d,c)-极小路的数学模型仍然有两种类型,一种基于网络的极小路,一种基于网络边。林森崇[127]、林义贵[128]以及叶维彰[129]的算法都采用第一种网络模型;而叶维彰[130]和牛义锋和徐秀珍[131]的算法采用第二种网络模型。叶维彰[130]从理论上证明,第二种网络模型优于第一种网络模型。但注意到叶维彰的算法[130]需要枚举大量的状态向量,从而导致(d,c)-极小路的搜索效率仍然较低。虽然文献[131]中的算法是对叶维彰的算法[130]的一个较大改进,但当容量水平d的值较小时,两种算法的求解效率几乎没有差别。

在现有算法的基础上,本章提出了一种新的高效算法来求解网络的(d,c)-极小路。本章首先从理论上给出状态向量空间(子空间)中存在(d,c)-极小路的条件;在此基础上,为了提高(d,c)-极小路的求解效率,本章通过引入一种有效的分解方法来分解(d,c)-极小路的搜索空间,使得(d,c)-极小路的搜索空间被不断减少,从而达到提高(d,c)-极小路搜索效率的目的。为了能更好理解算法的步骤,本章利用提出的算法对一个具体实例做了求解。最后,通过数值试验对提出的算法的性能进行了检验。结果表明,提出的算法在求解(d,c)-极小路方面具有明显的效率优势。

5.2 费用约束的随机流网络模型

本章用G(V,E,W,C)表示源点为s,汇点为t的随机流网络,其中V={s,1,2,…,n,t}代表网络中节点的集合;E={e_i|1≤i≤m}代表网络边的集合,m代表边的数量;W=(W_1,W_2,…,W_m)是由网络中各条边的最大容量组成的向量,其中W_i(1≤i≤m)是边e_i的最大容量(最大运输能力);C=(C_1,C_2,…,C_m)是网络的费用向量,其中C_i代表通过边e_i的单位流量的费用(即运输边e_i上单位煤炭

商品的运输费用),简称单位流费用。本章仍然用 $x_i(1 \leq i \leq m)$ 表示边 e_i 的随机容量,则 $0 \leq x_i \leq W_i$,$x = (x_1, x_2, \cdots, x_n)$ 为网络的容量向量(或状态向量),它是由各条边的容量组成的向量。

本章用 $X = \{x \mid x = (x_1, x_2, \cdots, x_m), x_i \in K_i^X$ 当 $1 \leq i \leq m\}$ 表示一个容量向量集,其中 $K_i^X = \{x_i \mid l_i^X \leq x_i \leq u_i^X$ 当 $1 \leq i \leq m\}$ 是边 e_i 在 X 中的容量取值范围,l_i^X 和 u_i^X 分别是 e_i 在 X 中的最小容量和最大容量,因此,X 中的最小容量向量和最大容量向量分别为 $l^X = (l_1^X, l_2^X, \cdots, l_m^X)$ 和 $u^X = (u_1^X, u_2^X, \cdots, u_m^X)$。用 $M(x)$ 表示网络在容量向量 x 下的最大流量(该最大流量代表了从源点 s 到汇点 t 的最大运输能力),$f_i(1 \leq i \leq m)$ 代表通过边 e_i 的流量,则网络在 x 下输送 $M(x)$ 单位的网络流的总费用为 $C(x) = \sum_{i=1}^{m} f_i C_i$,则 $C(x)$ 代表网络把 $M(x)$ 单位的网络流从源点 s 输送到汇点 t 时所需要的总费用。特别地,如果 x 本身是一个可行流向量,即满足流守恒条件,则 $C(x) = \sum_{i=1}^{m} x_i C_i$。注意到本章所讨论的网络模型要满足的假设条件和上一章完全一样,因此,这里不再赘述。

下面通过一个简单的例子来解释模型中相关符号的含义。例如,在随机流网络中(见图 5-1),$V = \{s, 1, 2, t\}$,$n = 2$,$E = \{e_1, e_2, e_3, e_4, e_5, e_6\}$,$m = 6$,而表 5.1 则表明 $W = (3, 2, 1, 1, 2, 2)$,$C = (3, 1, 1, 1, 1, 3)$。给定容量向量 $x = (2, 1, 1, 0, 1, 2)$,网络在 x 下的最大流量 $M(x) = 3$。因为 $x = (2, 1, 1, 0, 1, 2)$ 是可行流向量,则网络在 x 下输送 3 单位的网络流的总费用为 $C(x) = 2 \times 3 + 1 \times 1 + 1 \times 1 + 0 \times 1 + 1 \times 1 + 2 \times 3 = 15$。令 $X = \{(x_1, x_2, x_3, x_4, x_5, x_6) \mid x_1 = 1, 0 \leq x_2 \leq 1, 0 \leq x_3 \leq 1, 0 \leq x_4 \leq 1, 0 \leq x_5 \leq 1, 1 \leq x_6 \leq 2\}$,则 $l_1^X = u_1^X = 1$,$l_2^X = l_3^X = l_4^X = l_5^X = 0$,$u_2^X = u_3^X = u_4^X = u_5^X = 1$,$l_6^X = 0$,$u_6^X = 2$,X 中的最小容量向量为 $l^X = (1, 0, 0, 0, 0, 1)$,最大容量向量为 $u^X = (1, 1, 1, 1, 1, 2)$。网络在 l^X,u^X 下的最大流量为 $M(l^X) = 0$,$M(u^X) = 2$。

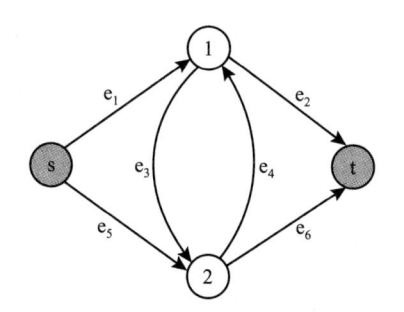

5 运输费用约束下的煤炭物流运输网络能力可靠性评估

图 5-1 一个随机流网络

表 5-1　　　　图 5-1 中边的数据

边	容量				容量概率				单位流费用
e_1	0	1	2	3	0.05	0.10	0.25	0.60	3
e_2	0	1	2	—	0.10	0.30	0.60	—	1
e_3	0	1	—	—	0.10	0.90	—	—	1
e_4	0	1	—	—	0.10	0.90	—	—	1
e_5	0	1	2	—	0.10	0.10	0.80	—	1
e_6	0	1	2	—	0.05	0.25	0.70	—	3

下面的引理来自文献 [130,131]，是 (d, c) - 极小路方法的基础。

引理 5.1[130,131]：容量向量 $x = (x_1, x_2, \cdots, x_m)$ 是 (d, c) - 极小路，当且仅当 x 满足如下条件：

$$\sum_{e_i \in (s,\cdot)} x_i = \sum_{e_j \in (\cdot,t)} x_j = d \tag{5.1}$$

$$\sum_{e_i \in (\cdot,v)} x_i = \sum_{e_j \in (v,\cdot)} x_j \text{ 其中 } v \in \{1, 2, \cdots, n\} \tag{5.2}$$

$$0 \leq x_i \leq \min\{W_i, d\} \text{ 其中 } 1 \leq i \leq m \tag{5.3}$$

$$x \text{ 不包含有向圈} \tag{5.4}$$

$$C(x) = \sum_{i=1}^{m} x_i C_i \leq c \tag{5.5}$$

根据引理 5.1 很容易得到如下的推论：

推论 5.1：给定容量向量 $x = (x_1, x_2, \cdots, x_m)$，如果 $M(x) = d$，则

当 x 满足式（5.2）~式（5.5）时，x 是 (d, c) - 极小路。

对于无圈有向网络来说，式（5.4）可以省略不需要考虑。根据引理 5.1，一般的枚举法都可以用来搜索 (d, c) - 极小路。对于给定的随机流网络 $G(V, E, W, C)$，引理 5.1 中的式 (5.3) 表明，(d, c) - 极小路的搜索空间为 $S = \{x \mid x = (x_1, x_2, \cdots, x_m), 0 \leq x_i \leq \min\{W_i, d\}$ 当 $1 \leq i \leq m\}$，该搜索空间中包含的容量向量的总数为 $\prod_{i=1}^{m}(\min\{W_i, d\} +1)$。也就是说，为了获得网络所有的 (d, c) - 极小路，需要验证总数达 $\prod_{i=1}^{m}(\min\{W_i, d\} +1)$ 的容量向量，这显然是一个巨大的工作量。因此，直接利用引理 5.1 来搜索 (d, c) - 极小路的效率很难令人满意，下面将引入一种向量集分解方法，其目的是把整个搜索空间分解成互不相交的搜索子空间，以此提高 (d, c) - 极小路的求解效率。

5.3 提出的算法

5.3.1 理论分析

给定一个容量向量集 $X = \{x \mid x = (x_1, x_2, \cdots, x_m), x_i \in K_i^X$ 当 $1 \leq i \leq m\}$，其中 $K_i^X = \{x_i \mid l_i^X \leq x_i \leq u_i^X$ 当 $1 \leq i \leq m\}$，如果把 (d, c) - 极小路的搜索空间限定在 X 中，则引理 5.1 便转化为如下的结论。

推论 5.2：容量向量 $x = (x_1, x_2, \cdots, x_m)$ 是 X 中的 (d, c) - 极小路，当且仅当 x 满足如下条件：

$$\sum_{e_i \in (s, \cdot)} x_i = \sum_{e_j \in (\cdot, t)} x_j = d \tag{5.6}$$

$$\sum_{e_i \in (\cdot, v)} x_i = \sum_{e_j \in (v, \cdot)} x_j \text{ 其中 } v \in \{1, 2, \cdots, n\} \tag{5.7}$$

$$l_i^X \leq x_i \leq \min\{u_i^X, d\} \text{ 其中 } 1 \leq i \leq m \tag{5.8}$$

$$x \text{ 不包含有向圈} \qquad (5.9)$$

$$C(x) = \sum_{i=1}^{m} x_i C_i \leqslant c \qquad (5.10)$$

需要注意的是，引理 5.1 和推论 5.2 的唯一区别是边 e_i 的容量取值范围，下面重点讨论 X 中的最小容量向量 l^X。显然，网络在 l^X 下的最大流量 $M(l^X)$ 有如下三种情形：

$M(l^X) > d$；

$M(l^X) = d$；

$M(l^X) < d$。

(1) $M(l^X) > d$

如果 $M(l^X) > d$，则很容易得到如下的结论。

定理 5.1：给定一个容量向量集 X，如果 $M(l^X) > d$，则 X 中不存在 (d，c) - 极小路。

证明：因为 l^X 是 X 中最小的容量向量，则对于 X 中的任意容量向量 x 都有 $x \geqslant l^X$。如果 $M(l^X) > d$，因为 $x \geqslant l^X$，从而有 $M(x) \geqslant M(l^X) > d$，即对于 X 中的任意容量向量 x 都有 $M(x) > d$。此时，根据 (d，c) - 极小路定义中的条件 (1) 知 x 不是 (d，c) - 极小路。综上知容量向量集 X 中不存在 (d，c) - 极小路。

根据定理 5.1，一旦 $M(l^X) > d$ 被验证成立，则就可以丢弃容量向量集 X(X 中不存在 (d，c) - 极小路)，从而缩减 (d，c) - 极小路的搜索空间，这将有助于提高 (d，c) - 极小路的求解效率。

(2) $M(l^X) = d$

如果 $M(l^X) = d$，则可得到如下的结论。

定理 5.2：给定一个容量向量集 X，如果 $M(l^X) = d$，则 X 中存在的 (d，c) - 极小路的数目不会超过一个；并且，如果存在的话，l^X 就是 X 中唯一的 (d，c) - 极小路。

证明：假设容量向量 $x(\neq l^X)$ 是 X 中的 (d，c) - 极小路，则根据定义有 $M(x) = d$。注意到 $x > l^X$，且 $M(x) = M(l^X) = d$，这与 (d，c) -

极小路定义中的条件（2）相矛盾，因此，在 X 中除了 l^X 之外的其他任意容量向量 x 都不可能是（d, c）- 极小路。从而，结论成立。

特别地，当容量向量集 X 满足 $M(l^X) = d$ 时，定理 5.2 提供了一种有效的方法来搜索（d, c）- 极小路，即只需要验证 l^X 是否是（d, c）- 极小路即可。如果 l^X 是（d, c）- 极小路，它是 X 中唯一的（d, c）- 极小路；否则，X 中不存在（d, c）- 极小路。

（3）$M(l^X) < d$

如果 $M(l^X) < d$，还需要讨论 X 中的最大容量向量 u^X。首先建立如下的结论。

定理 5.3：给定一个容量向量集 X，如果 $M(u^X) < d$，则 X 中不存在（d, c）- 极小路。

证明：因为 u^X 是 X 中最大的容量向量，则对于 X 中的任意容量向量 x 都有 $x \leq u^X$。如果 $M(u^X) < d$，因为 $x \leq u^X$，从而有 $M(x) \leq M(l^X) < d$，即对于 X 中的任意容量向量 x 都有 $M(x) < d$。此时，根据（d, c）- 极小路定义中的条件（1）知 x 不是（d, c）- 极小路。综上可知容量向量集 X 中不存在（d, c）- 极小路。

需要指出的是，以上建立的三个结论都有助于缩减（d, c）- 极小路的搜索空间。定理 5.3 中讨论的是当 $M(u^X) < d$ 时的情形，当 $M(u^X) \geq d$ 时，则有 $M(l^X) < d \leq M(u^X)$。在这种情况下，根据推论 5.2 利用枚举法可以在容量向量集 X 中搜索（d, c）- 极小路。下面将考虑一种特殊情况，即 X 同时满足 $l^X = (0, 0, \cdots, 0)$ 和 $M(u^X) \geq d$。首先介绍 d - 流向量的概念。

定义 5.1：当网络从源点 s 到汇点 t 的最大流量为 d 时，经过各边 $e_i (1 \leq i \leq m)$ 的流量 f_i^d 所组成的向量（$f_1^d, f_2^d, \cdots, f_m^d$）称为 d - 流向量。

下面的结论表明，当 X 同时满足 $l^X = (0, 0, \cdots, 0)$ 和 $M(u^X) \geq d$ 时，利用最大流算法从 X 中能够寻找到一个 d - 流向量（$f_1^d, f_2^d, \cdots, f_m^d$）。

定理 5.4：给定一个容量向量集 X，如果 X 同时满足 $l^X = (0, 0, \cdots,$

0）和 $M(u^X) \geq d$，则 X 中至少存在一个 d-流向量 $(f_1^d, f_2^d, \cdots, f_m^d)$。

证明： 因为 $M(u^X) \geq d$，则网络在容量向量 u^X 下能够把 d 单位的网络流从源点 s 输送到汇点 t。并且，当网络在容量向量 u^X 下时，该 d-流向量 $(f_1^d, f_2^d, \cdots, f_m^d)$ 可以根据如下步骤得到[102]：

①在网络中添加点 t^*，并增加入一条从 t 到 t^* 的有向边，该边的容量状态设为固定值 d。

②其他边 $e_i(1 \leq i \leq m)$ 的容量为 u_i^X。

③利用最大流算法计算从 s 到 t^* 的最大流量。由于 $M(u^X) \geq d$，而 t 到 t^* 的边的容量为 d，所以从 s 到 t^* 的最大流量为 d。

④找到从 s 到 t^* 的最大流以后，通过边 $e_i(1 \leq i \leq m)$ 的网络流量便构成了 d-流向量 $(f_1^d, f_2^d, \cdots, f_n^d)$。

因为 f_i^d 不能超过边的容量上限 u_i^X，则对于所有的 $e_i(1 \leq i \leq m)$ 有 $f_i^d \leq u_i^X$ 成立；并且显然 $f_i^d \geq 0$ 也成立。因此，对于所有的 $e_i(1 \leq i \leq m)$ 有 $0 \leq f_i^d \leq u_i^X$，即 $l_i^X \leq f_i^d \leq u_i^X$。从而 $l^X \leq d$-流向量 $(f_1^d, f_2^d, \cdots, f_m^d) \leq u^X$，即 X 中至少存在一个 d-流向量 $(f_1^d, f_2^d, \cdots, f_m^d)$。

定理 5.4 的证明过程完整给出了寻找 d-流向量 $(f_1^d, f_2^d, \cdots, f_m^d)$ 的步骤。定义 5.2 清楚地表明，d-流向量满足流守恒定律，即满足推论 5.2 中的式（5.6）～式（5.8），因此，对于从 X 中求得的 d-流向量 $(f_1^d, f_2^d, \cdots, f_m^d)$ 来说，如果 $(f_1^d, f_2^d, \cdots, f_m^d)$ 中不饱和有向圈，且 $\sum_{i=1}^{m} C_i f_i^d \leq c$ 成立，则该 d-流向量 $(f_1^d, f_2^d, \cdots, f_m^d)$ 就是一个 (d, c)-极小路；否则，它不是 (d, c)-极小路。基于得到的 d-流向量 $(f_1^d, f_2^d, \cdots, f_m^d)$，容量向量集 X 可以被分解成若干个互不相交的子集，从而在这些子集中再进一步搜索 (d, c)-极小路。下面介绍状态向量集分解方法，该分解方法最初来自于文献[102]，但由于本书的网络模型与文献[102]的网络模型有些不同，我们对该分解方法做了进一步的改动。

需要注意的是，下面讨论的容量向量集 X 都需要满足 $l^X = (0, 0, \cdots, 0)$ 和 $M(u^X) \geq d$。因此，显然有 $M(l^X) = 0$，而根据定义有 $M((f_1^d, f_2^d, \cdots,$

$f_m^d)) = d$，因此，网络至少存在一条边 $e_i (1 \leq i \leq m)$ 满足 $f_i^d > l_i^X = 0$。如果令 $E^d(X) = \{e_i | f_i^d > 0\}$，则 $E^d(X)$ 非空。这里假设 $E^d(X) = \{e_{z_1}, e_{z_2}, \cdots, e_{z_\lambda}\}$，依次以边 $e_{z_1}, e_{z_2}, \cdots, e_{z_\lambda}$ 为轴心，则 X 被分解成 $\lambda + 1$ 个互不相交的子集 $X^1, X^2, \cdots, X^\lambda$ 和 X^0：

- 以 e_{z_1} 为轴心：

$$X^1 = \{(x_1, x_2, \cdots, x_m) | 0 \leq x_{z_1} \leq (f_{z_1}^d - 1), x_i \in K_i^X \text{ 当 } e_i \in E \setminus \{e_{z_1}\}\}$$

- 以 e_{z_2} 为轴心：

$$X^2 = \{(x_1, x_2, \cdots, x_m) | f_{z_1}^d \leq x_{z_1} \leq u_{z_1}^X, 0 \leq x_{z_2} \leq (f_{z_2}^d - 1),$$
$$x_i \in K_i^X \text{ 当 } e_i \in E \setminus \{e_{z_1}, e_{z_2}\}\}$$

$$\vdots$$

- 以 e_{z_λ} 为轴心：

$$X^q = \{(x_1, x_2, \cdots, x_m) | f_i^d \leq x_i \leq u_i^X \text{ 当 } e_i \in \{e_{z_1}, e_{z_2}, \cdots, e_{z_{\lambda-1}}\},$$
$$0 \leq x_{z_\lambda} \leq (f_{z_\lambda}^d - 1), x_i \in K_i^X \text{ 当 } e_i \in E \setminus E^d(X)\}$$

$$q + 1) X^0 = \{(x_1, x_2, \cdots, x_m) | f_i^d \leq x_i \leq u_i^X \text{ 当 } e_i \in E^d(X),$$
$$x_i \in K_i^X \text{ 当 } e_i \in E \setminus E^d(X)\}$$

定理 5.5：如下结论成立：

① $X = X^1 \cup X^2 \cup \cdots \cup X^q \cup X^0$。

② 子集 $X^1, X^2, \cdots, X^\lambda$ 和 X^0 非空，且互不相交。

③ d-流向量 $(f_1^d, f_2^d, \cdots, f_m^d)$ 是 X^0 中的最小容量向量。

证明：由上面的分解结果可以直接得到。

下面分别讨论子集 $X^1, X^2, \cdots, X^\lambda$ 和 X^0。首先讨论 X^0，因为 d-流向量 $(f_1^d, f_2^d, \cdots, f_m^d)$ 是 X^0 中的最小容量向量，如果 d-流向量 $(f_1^d, f_2^d, \cdots, f_m^d)$ 是 (d, c)-极小路，它便是 X^0 中唯一的 (d, c)-极小路；否则，X^0 中不存在 (d, c)-极小路。因此，在求解过程中就不需要对 X^0 中的其他容量向量再进行验证。换句话说，一旦对 d-流向量 $(f_1^d, f_2^d, \cdots, f_m^d)$ 验证以后就可以丢弃子集 X^0，这无疑有助于提高 (d, c)-极小路的求解效率。

下面讨论子集 $X^i(2\leq i\leq \lambda)$。如果 $M(l^{X^i}) > d$ 或 $M(u^{X^i}) < d$，根据定理 5.1 或定理 5.3 知，X^i 中不存在（d,c）- 极小路，从而丢弃子空间 X^i，不再对其进行验证，这样也缩减（d,c）- 极小路的搜索空间；$M(l^{X^i}) = d$，根据定理 5.2 只需验证 X^i 中的最小容量向量 l^{X^i} 是否是（d,c）- 极小路即可（根据推论 5.1 来验证）；否则，子集 $X^i(2\leq i\leq \lambda)$ 满足 $M(l^{X^i}) < d \leq M(u^{X^i})$，此时，根据推论 5.2 利用枚举法在子集 X^i 中寻找（d,c）- 极小路。

最后讨论子集 X^1。首先注意到 $l^{X^1} = (0,0,\cdots,0)$。如果 $M(u^{X^1}) < d$，则在 X^1 中不存在（d,c）- 极小路，丢弃 X^1 不再对其进行分析；否则，X^1 将同时满足 $l^{X^1} = (0,0,\cdots,0)$ 和 $M(u^{X^1}) \geq d$。当 X^1 同时满足 $l^{X^1} = (0,0,\cdots,0)$ 和 $M(u^{X^1}) \geq d$ 时，利用定理 5.3 从 X^1 中找到一个 d - 流向量；基于得到的 d - 流向量，根据定理 5.5 把 X^1 再进一步分解成若干个互不相交的子集，并对每个子集依照同样的方式进行处理。这样的分解过程持续进行下去，当不存在同时满足 $l^{X^*} = (0,0,\cdots,0)$ 和 $M(u^{X^*}) \geq d$ 的子集 X^* 时，算法停止，此时，便得到了网络所有的（d,c）- 极小路。

5.3.2 算法步骤

根据上面的讨论，网络所有的（d,c）- 极小路可以根据下面的步骤得到。

步骤 1 令 $X = \{x \mid x = (x_1, x_2, \cdots, x_m), 0 \leq x_i \leq \min\{u_i, d\}$ 其中 $1 \leq i \leq m\}$。

步骤 2 计算 $M(u^X)$。如果 $M(u^X) < d$，X 中不存在（d,c）- 极小路，算法停止。

步骤 3 根据定理 5.4 寻找一个 d - 流向量 $(f_1^d, f_2^d, \cdots, f_m^d)$，并计算 $E^d(X)$。

步骤 4 根据定理 5.5 把 X 分解成 $\lambda + 1$ 个互不相交的子集 X^1，

X^2，…，X^λ 和 X^0。

步骤5 如果 d - 流向量 $(f_1^d, f_2^d, \cdots, f_m^d)$ 不含有向圈，且 $\sum_{i=1}^m C_i f_i^d \leq c$，则 d - 流向量 $(f_1^d, f_2^d, \cdots, f_m^d)$ 是 (d, c) - 极小路。

步骤6 i 从 2 到 λ。

(6.1) 计算 $M(u^{X^i})$。如果 $M(u^{X^i}) < d$，X^i 中不存在 (d, c) - 极小路，转向 (6.4)。

(6.2) 计算 $M(l^{X^i})$。如果 $M(l^{X^i}) > d$，X^i 中不存在 (d, c) - 极小路，转向 (6.4)。

如果 $M(l^{X^i}) = d$，根据推论 5.1 验证 l^{X^i} 是否是 (d, c) - 极小路，转向 (6.4)。

(6.3) 根据推论 5.2 利用枚举法在中 X^i 寻找 (d, c) - 极小路。

(6.4) i = i + 1。

步骤7 令 $X = X^1$，转向**步骤2**。

下面讨论算法的时间复杂度。步骤1和步骤7需要 $O(m)$ 时间，在步骤2中，利用最大流算法计算 $M(u^X)$ 需要 $O(n^2 \log^3 n)$ 时间。步骤3需要 $O(n^2 \log^3 n)$ 时间来寻找 d - 流向量，且计算 $E^d(X)$ 的时间为 $O(m)$，所以，步骤3总的时间复杂度为 $O(n^2 \log^3 n)$。在步骤4中，把 X 分解成 $\lambda + 1$ 个互不相交的子集的时间复杂度为 $O(\lambda m)$。步骤5需要 $O(m + n)$ 时间。因此，算法从步骤1到步骤5总共需要 $O(m) + O(n^2 \log^3 n) + O(n^2 \log^3 n) + O(\lambda m) + O(m + n) = O(n^2 \log^3 n)$ 时间。在步骤6中，(6.1) 和 (6.2) 的时间复杂度为 $O(n^2 \log^3 n)$，(6.4) 需要 $O(1)$ 时间，因此，步骤6的时间复杂度主要由 (6.3) 决定，即由被验证的容量向量的数目来决定。整个搜索空间中包含的容量向量的总数为 $\prod_{i=1}^m (\min\{u_i, d\} + 1)$，因此，步骤6需要验证的容量向量的上限为 $\prod_{i=1}^m (\min\{u_i, d\} + 1)$。根据推论 5.2，算法需要 $O(m + n)$ 的时间来验证某个容量向量是否是 (d, c) - 极小路，从而步骤6的时间复杂度

上限是 $O((m+n)\prod_{i=1}^{m}(\min\{u_i,d\}+1))$。综上可得，算法总的时间复杂度的上限是 $O(n^2\log^3 n) + O((m+n)\prod_{i=1}^{m}(\min\{u_i,d\}+1)) = O((m+n)\prod_{i=1}^{m}(\min\{u_i,d\}+1))$。

5.4 算例分析

为了有助于理解算法的求解步骤，本节把图 5-1 中的随机流网络作为分析对象，计算该网络在费用约束下的可靠性。假设费用约束 c = 14，网络容量 d = 3，下面计算网络能够把 3 单位的网络流从源点 s 输送到汇点 t，且总的网络流费用（即输送费用）不超过 14 单位的概率。首先寻找网络所有的 (3, 14) - 极小路，下面严格按照计算步骤来展示算法的求解过程。同时，为了更好理解，我们在求解过程中用最大容量向量和最小容量向量来表示某个搜索空间 X，即有 X = [l^X, u^X]：

步骤 1　令 X = [(0, 0, 0, 0, 0, 0), (3, 2, 1, 1, 2, 2)]。

步骤 2　$M(u^X) = 4 > 3$。

步骤 3　3 - 流向量 (3, 2, 1, 0, 0, 1)，且 $E^3(X) = \{e_1, e_2, e_3, e_6\}$。

步骤 4　X 被分解成 X^1, X^2, X^3, X^4, X^0，这里 X^1 = [(0, 0, 0, 0, 0, 0), (2, 2, 1, 1, 2, 2)]，X^2 = [(3, 0, 0, 0, 0, 0), (3, 1, 1, 1, 2, 2)]，X^3 = [(3, 2, 0, 0, 0, 0), (3, 2, 0, 1, 2, 2)]，X^4 = [(3, 2, 1, 0, 0, 0), (3, 2, 1, 1, 2, 0)]，X^0 = [(3, 2, 1, 0, 0, 1), (3, 2, 1, 1, 2, 2)]。

步骤 5　由于 $C(l^{X^0}) = 15 > 14$，l^{X^0} = (3, 2, 1, 0, 0, 1) 不是 (3, 14) - 极小路。

步骤 6　i = 2。

(6.1) X^2 = [(3, 0, 0, 0, 0, 0), (3, 1, 1, 1, 2, 2)]，且 $M(u^{X^2}) = 3$。

(6.2) $M(l^{X^2}) = 0$。

(6.3) 利用枚举在 X^2 中寻找 (3, 14) - 极小路, 但不存在。

(6.4) $i = 3$。

(6.1) $X^3 = [(3, 2, 0, 0, 0, 0), (3, 2, 0, 1, 2, 2)]$, 且 $M(u^{X^3}) = 4$。

(6.2) $M(l^{X^3}) = 2$。

(6.3) 利用枚举在 X^3 中寻找 (3, 14) - 极小路, 但不存在。

(6.4) $i = 4$。

(6.1) $X^4 = [(3, 2, 1, 0, 0, 0), (3, 2, 1, 1, 2, 0)]$, 且 $M(u^{X^4}) = 2 < 3$, 因此, X^4 中不存在 (3, 14) - 极小路。

步骤7 令 $X = X^1 = [(0, 0, 0, 0, 0, 0), (2, 2, 1, 1, 2, 2)]$, 并转向步骤2。

步骤2 $M(u^X) = 4 > 3$。

步骤3 3 - 流向量 $(2, 2, 0, 0, 1, 1)$, $E^3(X) = \{e_1, e_2, e_5, e_6\}$。

步骤4 X 被分解成 X^{1-1}, X^{1-2}, X^{1-3}, X^{1-4}, X^{1-0}, 这里 $X^{1-1} = [(0, 0, 0, 0, 0, 0), (1, 2, 1, 1, 2, 2)]$, $X^{1-2} = [(2, 0, 0, 0, 0, 0), (2, 1, 1, 1, 2, 2)]$, $X^{1-3} = [(2, 2, 0, 0, 0, 0), (2, 2, 1, 1, 0, 2)]$, $X^{1-4} = [(2, 2, 0, 0, 1, 0), (2, 2, 1, 1, 2, 0)]$, $X^{1-0} = [(2, 2, 0, 0, 1, 1), (2, 2, 1, 1, 2, 2)]$。

//为了避免混淆, 不相交的容量向量分别表示为 X^{1-1}, X^{1-2}, X^{1-3}, X^{1-4}, X^{1-0}//

步骤5 因为 $(2, 2, 0, 0, 1, 1)$ 中不含有向圈, 且 $C(l^{X^{1-0}}) = 12 < 14$, 则 $l^{X^{1-0}} = (2, 2, 0, 0, 1, 1)$ 是一个 (3, 14) - 极小路

步骤6 $i = 2$。

(6.1) $X^{1-2} = [(2, 0, 0, 0, 0, 0), (2, 1, 1, 1, 2, 2)]$, 且 $M(u^{X^{1-2}}) = 3$。

(6.2) $M(l^{X^{1-2}}) = 0$。

(6.3) 利用枚举在 X^{1-2} 中寻找 (3, 14) - 极小路, 但不存在。

(6.4) i = 3。

(6.1) X^{1-3} = [(2, 2, 0, 0, 0, 0), (2, 2, 1, 1, 0, 2)], 且 $M(u^{X^{1-3}})$ = 2 < 3, 因此, X^{1-3} 中不存在 (3, 14) - 极小路。

(6.4) i = 4。

(6.1) X^{1-4} = [(2, 2, 0, 0, 1, 0), (2, 2, 1, 1, 2, 0)], 且 $M(u^{X^{1-4}})$ = 2 < 3 X^{1-4} 中不存在 (3, 14) - 极小路。

步骤 7 令 X = X^{1-1} = [(0, 0, 0, 0, 0, 0), (1, 2, 1, 1, 2, 2)], 且转向步骤 2。

步骤 2 $M(u^X)$ = 3。

步骤 3 3 - 流向量 (1, 1, 0, 0, 2, 2), 且 $E^3(X)$ = {e_1, e_2, e_5, e_6}。

步骤 4 X 被分解成 X^{1-1-1}, X^{1-1-2}, X^{1-1-3}, X^{1-1-4}, X^{1-1-0}, 这里 X^{1-1-1} = [(0, 0, 0, 0, 0, 0), (0, 2, 1, 1, 2, 2)], X^{1-1-2} = [(1, 0, 0, 0, 0, 0), (1, 0, 1, 1, 2, 2)], X^{1-1-3} = [(1, 1, 0, 0, 0, 0), (1, 2, 1, 1, 1, 2)], X^{1-1-4} = [(1, 1, 0, 0, 2, 0), (1, 2, 1, 1, 2, 1)], X^{1-1-0} = [(1, 1, 0, 0, 2, 2), (1, 2, 1, 1, 2, 2)]。

//为了避免混淆, 不相交的容量向量分别表示为 X^{1-1-1}, X^{1-1-2}, X^{1-1-3}, X^{1-1-4}, X^{1-1-0}//

步骤 5 因为 (1, 1, 0, 0, 2, 2) 中不含有向圈, 且 $C(l^{X^{1-1-0}})$ = 12 < 14, $l^{X^{1-1-0}}$ = (1, 1, 0, 0, 2, 2) 是一个 (3, 14) - 极小路。

步骤 6 i = 2。

(6.1) X^{1-1-2} = [(1, 0, 0, 0, 0, 0), (1, 0, 1, 1, 2, 2)], 且 $M(u^{X^{1-1-2}})$ = 2, 从而 X^{1-1-2} 不是 (3, 14) - 极小路 (3, 14) - 极小路, 转向 (6.4)。

(6.4) i = 3。

(6.1) X^{1-1-3} = [(1, 1, 0, 0, 0, 0), (1, 2, 1, 1, 1, 2)], 且 $M(u^{X^{1-1-3}})$ = 2, 从而 X^{1-1-3} 中不存在 (3, 14) - 极小路, 转向 (6.4)。

(6.4) i = 4。

（6.1）$X^{1-1-4} = [(1, 1, 0, 0, 2, 0), (1, 2, 1, 1, 2, 1)]$，且 $M(u^{X^{1-1-4}}) = 3$。

（6.2）$M(l^{X^{1-1-4}}) = 1$。

（6.3）利用枚举法在 X^{1-1-4} 中寻找（3, 14）- 极小路，得到（1, 2, 0, 1, 2, 1）是 X^{1-1-4} 中的唯一一个（3, 14）- 极小路。

步骤7 令 $X = X^{1-1-1} = [(0, 0, 0, 0, 0, 0), (0, 2, 1, 1, 2, 2)]$，转向步骤2。

步骤2 $M(u^X) = 2 < 3$，算法停止。

最后可得网络所有的（3, 14）- 极小路为（2, 2, 0, 0, 1, 1），(1, 1, 0, 0, 2, 2) 和 (1, 2, 0, 1, 2, 1)。为了更好地理解算法的求解过程见图 5-2，且图 5-2 中的容量向量集合见表 5-2。令 $B_1 = \{x \mid x \geq (2, 2, 0, 0, 1, 1)\}$，$B_2 = \{x \mid x \geq (1, 2, 0, 1, 2, 1)\}$，$B_3 = \{x \mid x \geq (1, 1, 0, 0, 2, 2)\}$，根据容斥定理公式得 $R_{(3,14)} = \Pr\{B_1 \cup B_2 \cup B_3\} = \Pr\{B_1\} + \Pr\{B_2\} + \Pr\{B_3\} - \Pr\{B_1 \cap B_2\} - \Pr\{B_1 \cap B_3\} - \Pr\{B_2 \cap B_3\} + \Pr\{B_1 \cap B_2 \cap B_3\} = \Pr\{x \mid x \geq (2, 2, 0, 0, 1, 1)\} + \Pr\{x \mid x \geq (1, 2, 0, 1, 2, 1)\} + \Pr\{x \mid x \geq (1, 1, 0, 0, 2, 2)\} - \Pr\{x \mid x \geq (2, 2, 0, 1, 2, 1)\} - \Pr\{x \mid x \geq (2, 2, 0, 0, 2, 2)\} - \Pr\{x \mid x \geq (1, 2, 0, 1, 2, 2)\} + \Pr\{x \mid x \geq (2, 2, 0, 1, 2, 2)\} = 0.64005$。

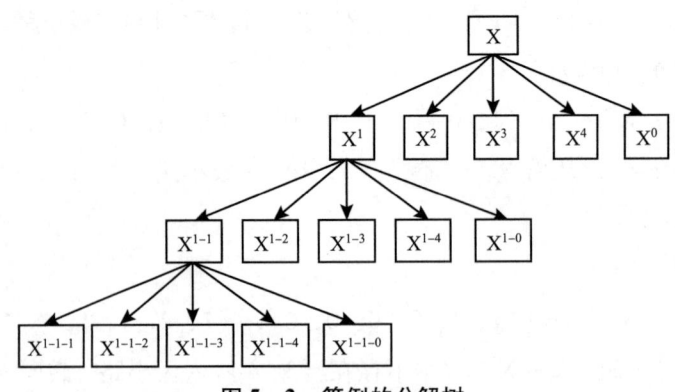

图 5-2 算例的分解树

表 5-2　　　　　　　　　　图 5.1 中的容量向量集合

集合	l^X	$M(l^X)$	u^X	$M(u^X)$	备注
X	(0, 0, 0, 0, 0, 0)	×	(3, 2, 1, 1, 2, 2)	4	被分解
X^1	(0, 0, 0, 0, 0, 0)	×	(2, 2, 1, 1, 2, 2)	4	被分解
X^2	(3, 0, 0, 0, 0, 0)	0	(3, 1, 1, 1, 2, 2)	3	利用枚举法求解
X^3	(3, 2, 0, 0, 0, 0)	2	(3, 2, 0, 1, 2, 2)	4	利用枚举法求解
X^4	(3, 2, 1, 0, 0, 0)	×	(3, 2, 1, 1, 2, 0)	2	不存在 (3, 14)-极小路
X^0	(3, 2, 1, 0, 0, 1)	×	(3, 2, 1, 1, 2, 2)	×	只需验证 l^X
X^{1-1}	(0, 0, 0, 0, 0, 0)	×	(1, 2, 1, 1, 2, 2)	3	被分解
X^{1-2}	(2, 0, 0, 0, 0, 0)	0	(2, 1, 1, 1, 2, 2)	3	利用枚举法求解
X^{1-3}	(2, 2, 0, 0, 0, 0)	×	(2, 2, 1, 1, 0, 2)	2	不存在 (3, 14)-极小路
X^{1-4}	(2, 2, 0, 0, 1, 0)	×	(2, 2, 1, 1, 2, 0)	2	不存在 (3, 14)-极小路
X^{1-0}	(2, 2, 0, 0, 1, 1)	×	(2, 2, 1, 1, 2, 2)	×	只需验证 l^X
X^{1-1-1}	(0, 0, 0, 0, 0, 0)	×	(0, 2, 1, 1, 2, 2)	2	不存在 (3, 14)-极小路
X^{1-1-2}	(1, 0, 0, 0, 0, 0)	×	(1, 0, 1, 1, 2, 2)	2	不存在 (3, 14)-极小路
X^{1-1-3}	(1, 1, 0, 0, 0, 0)	×	(1, 2, 1, 1, 1, 2)	2	不存在 (3, 14)-极小路
X^{1-1-4}	(1, 1, 0, 0, 2, 0)	1	(1, 2, 1, 1, 2, 1)	3	利用枚举法求解
X^{1-1-0}	(1, 1, 0, 0, 2, 2)	×	(1, 2, 1, 1, 2, 2)	2	不存在 (3, 14)-极小路

注：X^i 是从 X 中分解出来的子集，X^{i-j} 是从 X^i 中分解出来的子集，X^{i-j-k} 是从 X^{i-j} 中分解出来的子集，"×"表示不需要计算 $M(l^S)$ 或 $M(u^X)$。

5.5 数值试验与结果分析

引言部分的内容表明,叶维彰[130]的算法及牛义锋和徐秀珍[131]的算法不需要知道网络的极小路信息,且在 (d, c) - 极小路的计算效率方面胜过文献 [127 - 129],因此,下面将本章的算法和叶维彰[130]的算法及牛义锋和徐秀珍[131]的算法进行比较,以检验算法的性能(三种算法都利用 MATLAB 编程实现)。测试所采用的网络见图 5 - 3,网络的最大容量向量 W = (2, 4, 2, 2, 1, 3, 2, 3, 1, 2, 2, 2, 4),费用向量 C = (3, 2, 1, 2, 1, 2, 3, 2, 1, 3, 1, 2, 3)。

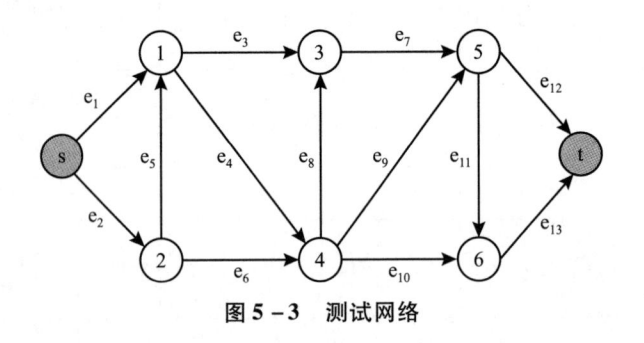

图 5 - 3 测试网络

为了更全面地体现三种算法的计算效率,数值试验随机选取了容量水平和费用约束的六种不同组合,最后的计算结果汇总见表 5 - 3。

表 5 - 3　　　　　　　算法的计算时间

(d, c) - 极小路	时间 (s)			相对比值	
	T_{Yeh}	$T_{Niu\&Xu}$	T	T_{Yeh}/T	$T_{Niu\&Xu}/T$
(1, 10) - 极小路	0.142	0.721	0.138	1.029	5.225
(2, 17) - 极小路	5.103	5.799	0.669	7.628	8.668

续表

(d，c)-极小路	时间（s）			相对比值	
	T_{Yeh}	$T_{Niu\&Xu}$	T	T_{Yeh}/T	$T_{Niu\&Xu}/T$
（3，27）-极小路	14.275	9.705	1.101	12.965	8.815
（4，36）-极小路	20.841	5.752	1.197	17.411	4.805
（5，49）-极小路	20.319	0.831	0.814	24.451	1.021
（6，60）-极小路	19.409	0.627	0.472	41.121	1.328

注：T_{Yeh}，$T_{Niu\&Xu}$，T 分别代表叶维彰的算法[130]的计算时间，牛义锋和徐秀珍的算法[131]的计算时间，以及本章提出的算法的计算时间。

根据表5-3中的结果，现做如下分析。与叶维彰的算法[130]相比较，本章提出的算法在求解（d，c）-极小路时花费的计算时间更少。特别地，随着容量水平 d 的提高，本章的算法拥有更好的搜索效率。这个结果是符合预期的，因为叶维彰的算法本质上属于穷举法，因此，需要枚举验证数量庞大的容量向量；而本章的算法利用一种有效的向量集分解方法来分解（d，c）-极小路的搜索空间，并在较大程度上能够减少需要验证的容量向量的数量，从而使得（d，c）-极小路能够被高效地求得。另外，注意到，本章的算法和牛义锋和徐秀珍的算法[131]相比较也具有一定的效率优势，虽然两种算法都属于部分枚举法，但显然本章提出的算法在缩减（d，c）-极小路的搜索空间方面更加有效。综上可以看出，本章的算法在（d，c）-极小路的求解效率方面要胜过叶维彰的算法及牛义锋和徐秀珍的算法。

5.6 本章小结

物流成本是衡量物流运输网络运行效率的重要方面，同时也是影响企业长远发展极其关键的要素。对于煤炭企业来说，既要考虑如何高效、可靠地完成煤炭商品的运输任务，又要考虑如何降低运输环节的物流成本，因此，从能力可靠性和运输费用两个角度对煤炭物流运输网络进行性能分析具有重要的现实意义。从这个角度出发，本章把能力可靠性和运输费用整合起来考虑煤炭物流运输网络在运输费用约束下的能力可靠性。

  运输费用约束下的能力可靠性 $R_{(d,c)}$ 是指煤炭物流运输网络能够把 d 单位的煤炭商品流从出发地成功输送到目的地，且总的运输费用不超过给定的费用预算 c 的概率。(d, c)-极小路方法是计算可靠性指标 $R_{(d,c)}$ 最常用的方法，其中，求解网络的所有 (d, c)-极小路是这类方法核心。本章从理论上给出了状态向量空间（子空间）中存在 (d, c)-极小路的条件；在此基础上，为了提高 (d, c)-极小路的求解效率，本章采用向量集分解方法把 (d, c)-极小路的搜索空间分解成多个互不相交的子空间。如果某个子空间中不包含 (d, c)-极小路，则无须对其进行分析。因此，只需对可能包含 (d, c)-极小路的子空间进行搜索即可。最后，本书提出了一种更高效的 (d, c)-极小路求解算法，并通过具体的算例展示了算法的计算过程。为了和现有算法进行比较分析，本章利用测试网络开展了相关数值试验。数值结果表明，本章提出的算法在求解 (d, c)-极小路方面具有一定的效率优势。

6

实 证 研 究

6.1 引 言

  煤炭商品在煤炭企业和终端用户之间的实体流动离不开煤炭物流，鉴于煤炭物流对煤炭企业经营活动的重要影响，提高煤炭物流绩效已经成为众多煤炭企业制定发展规划与路线的主要目标之一。可靠性是衡量物流绩效水平的核心指标之一。2010年，世界银行国际贸易与运输部在发布的《物流绩效指数》报告[153]中曾指出："与时间、成本相比较，物流绩效水平的高低更大程度上取决于供应链的可靠性和可预测性；供应链的可靠性是物流绩效最重要的方面。"而2012年的研究报告[154]又再次指出："供应链的可靠性与物流绩效有着极其密切的关系；与平均成本和时间相比较，缺少可靠性与不可预知的延误所带来的效益损失将更大。"世界银行发布的这两份报告都明确地指出可靠性在物流绩效方面的重要性。

  在第4章和第5章中，我们对煤炭物流运输网络的容量可靠性（能力可靠性）及费用约束下的容量可靠性进行了研究，建立了可靠性的理论模型，并提出了新的可靠性评估方法。在本章中，我们选取山西同煤集团下属煤炭物流运输服务公司作为分析对象，利用第 4 章、第 5 章提出的可靠性方法对公司的煤炭物流运输网络进行性能评估与分析，并从应用的角度来讨论可靠性的管理意义；另外，从可靠性的概率属性出发，本章提出了煤炭物流运输网络期望能力的概念，并在实证分析中对期望能力的含义进行了诠释。鉴于可靠性是评估网络性能的核心指标，既可用来衡量网络在运行过程中的服务质量和服务水平，也可作为性能参数用于改进和优化现有网络，因此，本章将从可靠性的角度讨论煤炭物流运输网络的最优改进方案问题。

网络可靠性是网络构成单元可靠性的函数，在网络性能评估中，除了可靠性本身之外，分析并确定构成单元可靠性的变化对网络可靠性的影响有着重要的应用价值，因为这有助于管理者准确找出影响网络性能的关键构成单元，并由此制定更加合理、有效的网络维护方案。灵敏度分析是研究与分析一个系统（或模型）的状态或输出变化对系统参数变化的敏感程度的方法，而可靠性灵敏度分析重点对系统可靠性模型中各参数的响应关系作出灵敏程度的定量分析。本章将利用灵敏度分析方法讨论运输边的可靠性变化对煤炭物流运输网络容量可靠性的影响；另外，本章也将探讨运输边单位运输费用的变化对煤炭物流运输网络可靠性的影响。

6.2 大同到连云港的煤炭物流运输网络能力可靠性分析

6.2.1 网络及数据描述

作为我国的煤炭大省，山西煤炭产量约占全国总产量的四分之一，而山西煤炭产量的三分之二被外销到全国各地。目前，山西境内主要有同煤集团、晋煤集团、焦煤集团、潞安集团、阳煤集团等五大煤炭集团，统计表明，全国70%以上的外运煤都来自于这五大煤炭集团。本章选取同煤集团下属的一个煤炭物流运输服务公司作为分析的对象，描绘了该运输服务公司从大同到连云港的煤炭物流运输网络见图6-1。在该网络中，源点 s 代表煤炭的生产地大同，汇点 t 代表煤炭的消费地连云港，而其他的中间节点代表煤炭运输的中转地或转运中心。

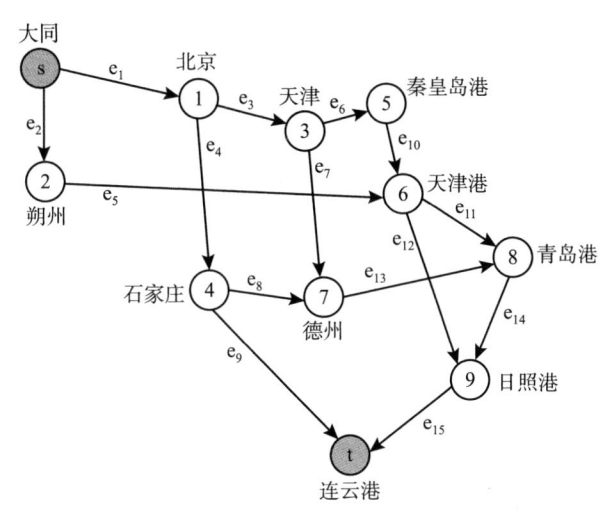

图6-1 大同到连云港的煤炭物流运输网络

在该网络中，煤炭主要通过铁路或水路进行运输，且每条运输边的承载容量（即运输能力）及其容量概率见表6-1，其中，承载容量的单位为万吨。也就算是说，每条运输边具有多种有效运输能力，譬如0万吨，1万吨，…，5万吨，对应于各有效运输能力的概率可根据企业数据库中的历史数据经过统计分析获得。例如，$Pr(x_1=2)=0.016$ 意味着，大同到北京的运输边 e_1 在某个单位时间段能够提供恰好2万吨运输能力的概率为0.016；而大同到北京的运输边 e_1 在某个单位时间段能够提供大于等于2万吨运输能力的概率为0.985，这是因为该运输边的最大运输能力为 5 万吨,且 Pr(x_1=2) + Pr(x_1=3) + Pr(x_1=4) + Pr(x_1=5) = 0.985。

表 6-1　　　　　图 6-1 中运输边的承载容量数据

运输边 e_i	起点——终点	承载容量（万吨）					
		0	1	2	3	4	5
		容量概率					
e_1	大同——北京	0.005	0.012	0.017	0.021	0.032	0.913
e_2	大同——朔州	0.011	0.043	0.946	—	—	—
e_3	北京——天津	0.005	0.011	0.023	0.039	0.922	
e_4	北京——石家庄	0.012	0.029	0.959	—	—	—
e_5	朔州——天津港	0.011	0.018	0.025	0.946		
e_6	天津——秦皇岛港	0.012	0.026	0.034	0.928		
e_7	天津——德州	0.007	0.019	0.974	—	—	—
e_8	石家庄——德州	0.006	0.015	0.979	—	—	—
e_9	石家庄——连云港	0.011	0.043	0.946	—	—	—
e_{10}	秦皇岛港——天津港	0.008	0.013	0.026	0.953		
e_{11}	天津港——青岛港	0.012	0.046	0.942	—	—	—
e_{12}	天津港——日照港	0.006	0.019	0.034	0.941		
e_{13}	德州——青岛港	0.007	0.012	0.029	0.952	—	—
e_{14}	青岛港——日照港	0.009	0.016	0.029	0.035	0.911	
e_{15}	日照港——连云港	0.006	0.011	0.015	0.022	0.034	0.912

6.2.2　能力可靠性评估

假设该物流运输服务公司从连云港的客户那里获得了一个订单：6 万吨的煤炭需求量。下面评估图 6-1 中的煤炭物流运输网络在某个单位时间段能够顺利完成这 6 万吨煤炭运输任务的概率,即计算该物流运输网络的能力可靠性 R_6,其中,承载容量水平 d=6。首先,利用第三章提出的算法寻找网络的所有6-极小路,然后再计算可靠性 R_6 的值。

利用本章提出的算法得到网络总共有41个6-极小路,根据不交和公式(4.2)可得可靠性 $R_6 = 0.820714$。根据可靠性的定义,$R_6 = 0.820714$ 意味着图6-1中的煤炭物流运输网络在某个单位时间段能够把6万吨的煤炭需求量从大同顺利运送到连云港的概率是0.820714。该可靠性值直观地反映了图6-1中的煤炭物流运输网络在不确定环境下的煤炭输送能力,为管理者准确评估该运输网络的服务质量与水平提供了非常有价值的决策信息,管理者可依据该信息来制定相应的决策方案。简单地说,如果该可靠性值0.820714没有达到管理者的预期,则说明图6-1中的煤炭物流运输网络的服务质量与水平还不能够令人满意,因此,从管理者的角度,有必要对该运输网络作进一步的改进与完善;但如果该可靠性值0.820714已经达到了管理者的预期,则说明图6-1中的煤炭物流运输网络的服务质量与水平是满足要求的。

为了便于比较,利用提出的算法计算了图6-1中的煤炭物流运输网络在不同承载容量水平下的可靠性,结果见表6-2。从表6-2可以看出,当承载容量水平提高时,该运输网络的可靠性将下降,这样的变化趋势完全符合网络的物理特性,即网络的承载容量越大,其稳定性和可靠性越低。当承载容量水平d从1到6变化时,网络在相邻容量水平下的可靠性的差别($R_d - R_{d+1}$)并不明显;然而,当承载容量水平d从6提高到7时,网络可靠性有一个跳跃性的下降。因此,对于图6-1中的煤炭物流运输网络来说,d=6是承载容量水平的一个关键点,从该关键点开始,煤炭物流运输网络的可靠性下降明显。

表6-2　　　　　　　　对应不同容量水平的可靠性

d	1	2	3	4
d-极小路的数量	7	27	65	107
R_d	0.999721	0.998355	0.985891	0.960840

续表

d	1	2	3	4
$R_d - R_{d+1}$	0.001366	0.012464	0.025051	0.041459
d	5	6	7	—
d-极小路的数量	111	41	6	—
R_d	0.919381	0.820714	0.628040	—
$R_d - R_{d+1}$	0.098667	0.192674	—	—

6.2.3 平均承载能力水平

前面计算了大同与连云港之间的煤炭物流运输网络在不同承载容量水平下的可靠性，这些可靠性信息为管理者描绘出该煤炭物流运输网络在各种随机状态下的服务能力和服务水平。注意到可靠性本身是一个概率性指标，因此，从数理统计的角度，期望承载容量代表了网络平均承载能力水平，它从整体的角度刻画了网络的平均服务水平。用 EC 表示煤炭物流运输网络的期望承载容量，根据概率论中数学期望的计算公式可得

$$EC = \sum_{d=0}^{D} \Pr\{x \mid M(x) = d\} \times d \quad (6.1)$$

其中，D 代表网络最大承载容量水平，$\Pr\{x \mid M(x) = d\}$ 代表网络承载容量水平为 d 的概率。显然，计算 EC 的关键是计算 $\Pr\{x \mid M(x) = d\}$ 的值，注意到如下的关系式：

$$\begin{aligned}\Pr\{x \mid M(x) = d\} &= \Pr\{x \mid M(x) \geq d\} - \Pr\{x \mid M(x) > d\} \\ &= \Pr\{x \mid M(x) \geq d\} - \Pr\{x \mid M(x) \geq d+1\} \\ &= R_d - R_{d+1} \end{aligned} \quad (6.2)$$

并且，当 d = 0 时，显然 $R_d = R_0 = 1$，则 $\Pr\{x \mid M(x) = 0\} = 1 - R_1$；当 d = D 时，显然 $R_{d+1} = R_{D+1} = 0$，从而 $\Pr\{x \mid M(x) = D\} = R_D - R_{D+1} = R_D$。因此，表 6-2 中最后一行的数据已经给出了 $\Pr\{x \mid M(x) = d\}$ 的

计算结果，从而很容易直接计算 EC 的值。为了清楚起见见表 6-3，表 6-3 列出了 Pr{x│M(x) = d}，以及 Pr{x│M(x) = d} ×d 的计算结果。根据表 6-3 中的结果可得网络的期望承载容量 EC = 6.312942。也就是说，网络的平均承载容量水平为 6.312942。该数值大于容量水平 d = 6，因此，从统计学的角度来看，该网络的服务能力与服务水平还是令人满意的。

表 6-3　　　　　　　　　网络的期望承载容量

d	0	1	2	3
Pr{x│M(x) = d}	0.000279	0.001366	0.012464	0.025051
Pr{x│M(x) = d} ×d	0	0.001366	0.024928	0.075153
d	4	5	6	7
Pr{x│M(x) = d}	0.041459	0.098667	0.192674	0.628040
Pr{x│M(x) = d} ×d	0.165836	0.493335	1.156044	4.39628

6.2.4　运输边可靠性对网络可靠性的影响

灵敏度分析主要用于定性或定量地描述一个系统输入参数的变化对系统输出结果产生的影响。在最优化方法中，灵敏度分析常被用来研究原始数据存在误差或发生变化时最优解的稳定性问题。灵敏度分析方法的另外一个重要应用是寻找对系统输出有较大的影响的系统输入参数。注意到网络可靠性与网络构成单元（边）可靠性之间通过结构函数形成了一种映射关系，构成单元可靠性可看作是输入参数，而网络可靠性可看作是输出结果，因此，我们可以通过灵敏度分析方法来研究网络构成单元可靠性的变化对网络可靠性的影响，从而确定哪个（些）构成单元对网络可靠性有较大的影响。那些对网络可靠性有较大的影响的边称之为重要构成单元。从更有效提高网络可靠性的角度，管理者在改进网络时应优先考虑提高这些重要构成单元的可靠性。

随机流网络是本书讨论的煤炭物流运输网络的可靠性模型，在模型中，网络的各条边具有多种随机容量水平，每种随机容量水平对应于一个容量概率。在灵敏度分析的过程中，每次选取一条边并假定这条边完全可靠（即该边始终处于最大容量水平或者该边最大容量水平对应的概率为1，其他容量水平对应的概率都为0），而其他边仍保持原来的多种容量水平及其容量概率分布，此时计算新的网络可靠性。对网络中的所有边都按照这样的方式进行处理，最后的计算结果汇总见表6-4。

表6-4　　　　　　　运输边可靠性的灵敏度分析

可靠的边	起点——终点	网络可靠性	与原网络可靠性的差	对可靠性的影响程度的排序
e_1	**大同——北京**	**0.870197**	**0.049483**	**第1**
e_2	大同——朔州	0.832615	0.011901	第5
e_3	北京——天津	0.835745	0.015031	第3
e_4	北京——石家庄	0.833149	0.012435	第4
e_5	朔州——天津港	0.830973	0.010259	第7
e_6	天津——秦皇岛港	0.822495	0.001781	第10
e_7	天津——德州	0.821699	0.000985	第12
e_8	**石家庄——德州**	**0.820723**	**0.000009**	**第15**
e_9	石家庄——连云港	0.831958	0.011244	第6
e_{10}	秦皇岛港——天津港	0.821830	0.001116	第11
e_{11}	天津港——青岛港	0.821356	0.000642	第14
e_{12}	天津港——日照港	0.823502	0.002788	第9
e_{13}	德州——青岛港	0.821627	0.000913	第13
e_{14}	青岛港——日照港	0.830863	0.010149	第8
e_{15}	日照港——连云港	0.869709	0.048995	第2

注：原网络可靠性 $R_6 = 0.820714$。

从表6-4中的结果可以看出，运输边 e_1（即大同——北京）对网络可靠性的影响最大；也就是说，和其他运输边相比较，改善运输边 e_1 的可靠性能更加显著地提高整个网络的可靠性水平。此时，对应的网络可靠性为 0.870197，比原网络可靠性提高了 0.049483。因此，对于公司管理者来说，在对图 6-1 中的煤炭物流运输网络进行升级改造时，应优先提高大同——北京这条运输线的可靠性。同时，注意到运输边 e_{15}（即日照港——连云港）对网络可靠性的影响也较大，其重要性处于第 2 位。另外，表 6-4 的结果也表明，运输边 e_8（即石家庄——德州）对网络可靠性的影响最小，此时，对应的网络可靠性为 0.820723，比原网络可靠性仅仅提高了 0.000009，所以，对管理者而言，想通过改善运输边 e_8（即石家庄——德州）的可靠性水平来提高整个网络的可靠性水平几乎是行不通的。

6.2.5 基于能力可靠性的网络最优改进方案

前面的分析表明，图 6-1 中的煤炭物流运输网络能够把 6 万吨的煤炭需求量从大同顺利输送到连云港的概率是 0.820714（R_6 = 0.820714）。如前所述，可靠性值从定量的角度反映了该运输网络能够完成煤炭输送任务的服务能力，因此，管理者可以把它作为一个决策指标来度量并优化相应的网络改进方案。本小节将对这一问题进行讨论。

网络改进本质上属于网络优化设计，从现有文献来看，网络优化设计主要分为两种类型，第一种类型是保持现有网络的拓扑结构不变，确定网络中边的最优容量扩充方案；第二种类型是在现有网络中添加新的边（此时，现有网络的拓扑结构将发生变化），确定边的最优选择方案。本章节仅就第二种类型进行讨论，第一种类型可按照类似的方式进行分析。

假设 R_6 = 0.820714 低于管理者的预期值，且管理者计划通过增加新的运输边来改进现有运输网络，以提高其可靠性。这里，假定管理者把可靠性作为优化的目标，来确定运输边的最优选择方案。因此，基于可靠性的网络最优改进方案可以表示为如下的数学模型：

$$\max R_d(r) \quad (6.3)$$

$$s.t. \ r_i \in \Delta, \ i=1, 2, \cdots, k \quad (6.4)$$

$$d=6 \quad (6.5)$$

其中，Δ 代表备选运输边的集合，$r=(r_1, r_2, \cdots, r_k)$ 代表 k 条新添加的运输边，注意到 $k \leq |\Delta|$，即新添加的运输边的数量不能超过备选运输边的数量，目标函数 $R_d(r)$ 代表添加新的运输边后的改进网络的可靠性。

注意到，在实际的煤炭物流运输网络中，由于受客观条件的限制，并不是任意的两个城市（节点）之间都能够添加新的运输边，因此，这里假定总共有 5 条备选运输边供选择，分别为大同——秦皇岛港，秦皇岛港——青岛港，秦皇岛港——日照港，青岛港——连云港，天津港——连云港，即 $\Delta = \{s \longrightarrow 5, 5 \longrightarrow 8, 5 \longrightarrow 9, 6 \longrightarrow t, 8 \longrightarrow t\}$，图 6-2 描绘出了包含备选运输边的煤炭物流运输网络，其中备选运输边在网络中用虚线来表示见图 6-2。

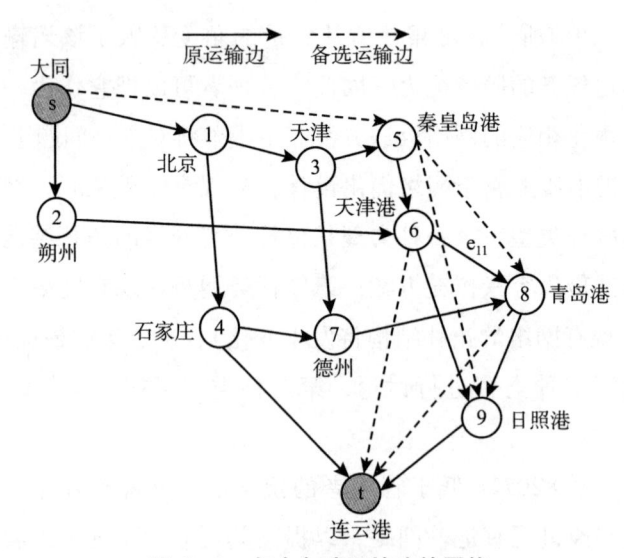

图 6-2 包含备选运输边的网络

5条备选运输边的承载容量及其概率分布见表6-5。

表6-5　　　　　　　备选运输边的承载容量数据

备选运输边	承载容量（万吨）			
	0	1	2	3
	容量概率			
大同——→秦皇岛港	0.004	0.018	0.056	0.922
秦皇岛港——→青岛港	0.002	0.011	0.028	0.959
秦皇岛港——→日照港	0.002	0.012	0.025	0.961
天津港——→连云港	0.003	0.015	0.039	0.943
青岛港——→连云港	0.003	0.016	0.049	0.932

因此，要确定该运输网络的最优改进方案便是从这5条备选运输边中找出最佳运输边，使得添加这些运输边后的改进网络的可靠性最大。另外，为了给管理者提供较全面的网络改进方案信息，下面考虑四种不同的情形：

情形一：添加1条运输边到原网络中；

情形二：添加2条运输边到原网络中；

情形三：添加3条运输边到原网络中；

情形四：添加4条运输边到原网络中。

对于每一种情形，都不难建立其对应的网络最优改进方案的数学模型，例如，对于第二种情形，网络最优改进方案对应的数学模型为：

$$\max R_d(r) \tag{6.6}$$

$$\text{s.t. } r_i \in \Delta, \ i = 1, 2 \tag{6.7}$$

$$d = 6 \tag{6.8}$$

针对上面的每一种情形，考虑此情形下的所有组合方案，并利用提出的算法计算网络在各种组合方案下的可靠性，最后的结果汇总见表6-6，表6-7，表6-8，以及表6-9，表6-10给出了各种情形下对应的最优方案的结果。根据表6-6~表6-10中的结果，现讨论如下：

①如果管理者计划通过添加一条运输边到原网络中来提高网络可靠性，则备选运输边中的大同──秦皇岛为最佳运输边。类似地，如果管理者考虑添加两条运输边到原网络中，则备选运输边中的大同──秦皇岛港，天津港──连云港为最佳运输边；如果管理者考虑添加三条运输边到原网络中，则备选运输边中的大同──秦皇岛港，天津港──连云港，青岛港──连云港为最佳运输边；如果管理者考虑添加四条运输边到原网络中，则备选运输边中的大同──秦皇岛港，秦皇岛港──青岛港，天津港──连云港，青岛港──连云港为最佳运输边。

②假设管理者对网络可靠性的预期值为0.97（即改进后的网络的可靠性达到0.97即可），则管理者只需考虑添加两条运输边到原网络中（即考虑情形二），此时，从备选运输边中选择大同──秦皇岛港，天津港──连云港为新添加的运输边即为网络改进的最优方案。同样地，如果管理者对网络可靠性的预期值为0.98（即改进后的网络的可靠性达到0.98即可），则管理者需考虑添加三条运输边到原网络中（即考虑情形三），此时，从备选运输边中选择大同──秦皇岛港，天津港──连云港，青岛港──连云港为新添加的运输边即为网络改进的最优方案。如果管理者对网络可靠性的预期值为0.99（即改进后的网络的可靠性达到0.99即可），则管理者需考虑添加四条运输边到原网络中（即考虑情形四），此时，从备选运输边中选择大同──秦皇岛港，秦皇岛港──青岛港，天津港──连云港，青岛港──连云港为新添加的运输边即为网络改进的最优方案。

③特别值得注意的是，在四种情形下的最优方案中，大同──秦皇岛港总是包含在新添加的运输边集合中，因此，对于管理者来说，在制定网络改进方案时，备选运输边大同──秦皇岛港可看作是提高网络可靠性的关键运输边，应优先加以考虑。

④对于四种情形下的最优方案来说，新添加的运输边的数量越多，网络改进后的可靠性也越高，即可靠性值从0.896633（添加一条运输

边）增大到 0.978104（添加二条运输边），又增大到 0.987394（添加三条运输边），最后增大到 0.991498（添加四条运输边），但注意到随着添加运输边数量的增多，网络可靠性的提高幅度呈现递减的趋势。

表 6-6　　　　　　　　　　第一种情形下的结果

运输边的数量	添加的运输边	网络改进后的可靠性	与网络改进前的可靠性的差	备注
1	大同——→秦皇岛港	**0.896633**	**0.075919**	最优
	秦皇岛港——→青岛港	0.822690	0.001976	—
	秦皇岛港——→日照港	0.832615	0.011901	—
	天津港——→连云港	0.891582	0.070868	—
	青岛港——→连云港	0.890651	0.069937	—

表 6-7　　　　　　　　　　第二种情形下的结果

运输边的数量	添加的运输边	网络改进后的可靠性	与网络改进前的可靠性的差	备注
2	大同——→秦皇岛港 秦皇岛港——→青岛港	0.902334	0.081620	—
	大同——→秦皇岛港 秦皇岛港——→日照港	0.913905	0.093191	—
	大同——→秦皇岛港 天津港——→连云港	**0.978104**	**0.157390**	最优
	大同——→秦皇岛港 青岛港——→连云港	0.974229	0.153515	—
	秦皇岛港——→青岛港 秦皇岛港——→日照港	0.832622	0.011908	—
	秦皇岛港——→青岛港 天津港——→连云港	0.892888	0.072174	—

续表

运输边的数量	添加的运输边	网络改进后的可靠性	与网络改进前的可靠性的差	备注
2	秦皇岛港──→青岛港 青岛港──→连云港	0.893929	0.073215	—
	秦皇岛港──→日照港 天津港──→连云港	0.893388	0.072674	—
	秦皇岛港──→日照港 青岛港──→连云港	0.893844	0.073130	—
	天津港──→连云港 青岛港──→连云港	0.900362	0.079648	—

表6-8　　　　第三种情形下的结果

运输边的数量	添加的运输边	网络改进后的可靠性	与网络改进前的可靠性的差	备注
3	大同──→秦皇岛港 秦皇岛港──→青岛港 秦皇岛港──→日照港	0.913942	0.093228	—
	大同──→秦皇岛港 秦皇岛港──→青岛港 天津港──→连云港	0.981917	0.161203	—
	大同──→秦皇岛港 秦皇岛港──→青岛港 青岛港──→连云港	0.982774	0.162060	—
	大同──→秦皇岛港 秦皇岛港──→日照港 天津港──→连云港	0.983002	0.162288	—
	大同──→秦皇岛港 秦皇岛港──→日照港 青岛港──→连云港	0.982291	0.161577	—

续表

运输边的数量	添加的运输边	网络改进后的可靠性	与网络改进前的可靠性的差	备注
3	大同──秦皇岛港 天津港──连云港 青岛港──连云港	**0.987394**	**0.166680**	最优
	秦皇岛港──青岛港 秦皇岛港──日照港 天津港──连云港	0.893394	0.072680	—
	秦皇岛港──青岛港 秦皇岛港──日照港 青岛港──连云港	0.894106	0.073392	—
	秦皇岛港──青岛港 天津港──连云港 青岛港──连云港	0.901779	0.081065	—
	秦皇岛港──日照港 天津港──连云港 青岛港──连云港	0.901771	0.081057	—

表6–9　　　　　　　　　　第四种情形下的结果

运输边的数量	添加的运输边	网络改进后的可靠性	与网络改进前的可靠性的差	备注
4	大同──秦皇岛港 秦皇岛港──青岛港 秦皇岛港──日照港 天津港──连云港	0.983029	0.162315	—
	大同──秦皇岛港 秦皇岛港──青岛港 秦皇岛港──日照港 青岛港──连云港	0.983026	0.162312	—
	大同──秦皇岛港 秦皇岛港──青岛港 天津港──连云港 青岛港──连云港	**0.991498**	**0.170784**	最优

续表

运输边的数量	添加的运输边	网络改进后的可靠性	与网络改进前的可靠性的差	备注
4	大同——→秦皇岛港 秦皇岛港——→日照港 天津港——→连云港 青岛港——→连云港	0.991458	0.170744	—
	秦皇岛港——→青岛港 秦皇岛港——→日照港 天津港——→连云港 青岛港——→连云港	0.901792	0.081078	—

表 6-10　　　　　　　　四种情形下的最优方案

情形	运输边的数量	添加的运输边	网络改进后的可靠性	与网络改进前的可靠性的差
情形一	1	大同——→秦皇岛港	0.896633	0.075919
情形二	2	大同——→秦皇岛港 天津港——→连云港	0.978104	0.157390
情形三	3	大同——→秦皇岛港 天津港——→连云港 青岛港——→连云港	0.987394	0.166680
情形四	4	大同——→秦皇岛港 秦皇岛港——→青岛港 天津港——→连云港 青岛港——→连云港	0.991498	0.170784

6.3　大同到连云港的煤炭物流运输网络在运输费用约束下的能力可靠性分析

6.3.1　运输费用问题

前面把第三章提出的容量可靠性算法应用于一个实际煤炭物流运输

网络的可靠性分析，并讨论了基于可靠性的网络最优改进方案，下面将在可靠性中加入运输费用的约束，分析运输费用对网络可靠性的影响，特别地，本节将利用第四章提出的算法来求解运输费用约束下的网络可靠性问题。另外，为了保持一致，本章仍将上面讨论的煤炭物流运输网络作为分析的对象，见图 6-3。

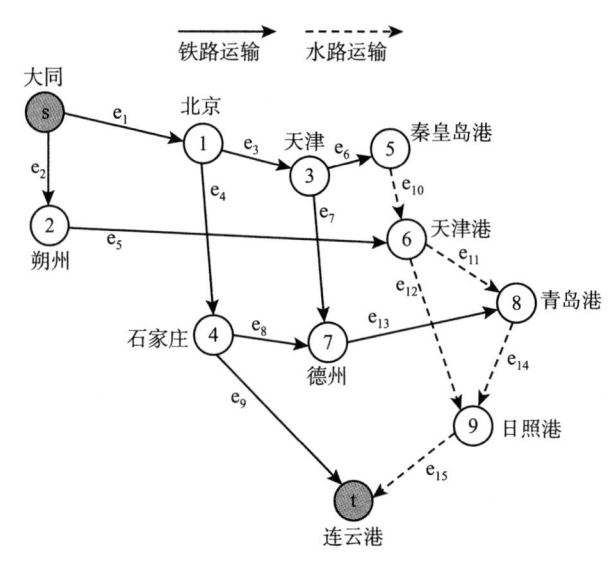

图 6-3　大同到连云港的煤炭物流运输网络

如前所述，在运输费用约束下的网络能力可靠性问题中，网络的每条运输边都具有三个属性：随机承载容量，容量概率，单位运输费用。图 6-3 中的煤炭物流运输网络的随机承载容量及其容量概率和前面保持一致，见表 6-11，因此，还需要进一步讨论运输费用问题。注意到表 6-11 也给出了每条运输边的里程，该数据来源于文献 [19]，在计算铁路运输费用时要用到。在图 6-3 中的运输网络中，运输方式主要有两种，一种是铁路运输，一种是水路运输。在铁路运输过程中，铁路运输费用由货物实际运费，铁路电气化附加费，铁路建设基金三部分组成，即铁路运输费用 = 货物实际运费 + 铁路电气化附加费 + 铁路建设基金。根据《铁路货物运价规则》，整车货物每吨实际运价＝发到基价＋运行基价×运行公里。通过查阅相关文献及资料，本章把煤炭运输的发到基价定为 10.5 元，运行基价为 0.0537 元/吨公里；《铁路电气化附加费核收办法》表明，铁路电气化附加费＝费率×计费重量×电气化里程，注意到整车货物、零担货物的费率是不相同的，但考虑到煤炭运输一般都是整车货物，因此，此处按照整车货物的费率 0.012 元/吨公里来计算；根据铁路相关文件的规定，铁路建设基金费率为 0.033 元/吨公里。因此，铁路单位运输费用的计算公式为

$$\text{铁路运输费用} = \text{货物实际运费} + \text{铁路电气化附加费} + \text{铁路建设基金}$$
$$= 10.5 + (0.0537 + 0.012 + 0.033) \times \text{运输里程}$$
$$= 10.5 + 0.0987 \times \text{运输里程}$$

图 6-3 中各条铁路运输边的单位运输费用根据上面给出的铁路运输费用公式来计算，计算结果列于表 6-11 中（结果取小数点后一位有效数字）。需要指出的是，在实际的铁路运输过程中，各条运输边的发到基价和运行基价一般是不同的，由于无法获取每条运输边准确的发到基价和运行基价数据，同时也为了数据处理的方便，本章在计算各条运输边的运输费用时都采用相同的发到基价和运行基价。在具体的应用过程中，决策者可以根据市场的现实情况来核准各种费用的具体大小。

表 6-11　　　　图 6-1 中运输边的承载容量数据

运输边 e_i	起点——终点	里程（公里）	单位运输费用（元/吨）	承载容量（万吨） 0	1	2	3	4	5
				容量概率					
e_1	大同——北京	354	45.4	0.005	0.012	0.017	0.021	0.032	0.913
e_2	大同——朔州	129	23.2	0.011	0.043	0.946	—	—	—
e_3	北京——天津	137	24.0	0.005	0.011	0.023	0.039	0.922	
e_4	北京——石家庄	277	37.8	0.012	0.029	0.959	—	—	—
e_5	朔州——天津港	711	80.7	0.011	0.018	0.025	0.946		

续表

运输边 e_i	起点——→终点	里程（公里）	单位运输费用（元/吨）	承载容量（万吨） 0	1	2	3	4	5
				容量概率					
e_6	天津——→秦皇岛港	162	26.5	0.012	0.026	0.034	0.928	—	—
e_7	天津——→德州	239	34.1	0.007	0.019	0.974	—	—	—
e_8	石家庄——→德州	302	40.3	0.006	0.015	0.979	—	—	—
e_9	石家庄——→连云港	863	95.7	0.011	0.043	0.946	—	—	—
e_{10}	秦皇岛港——→天津港	249	40.7	0.008	0.013	0.026	0.953	—	—
e_{11}	天津港——→青岛港	756	40.6	0.012	0.046	0.942	—	—	—
e_{12}	天津港——→日照港	1085	40.4	0.006	0.019	0.034	0.941	—	—
e_{13}	德州——→青岛港	395	49.5	0.007	0.012	0.029	0.952	—	—
e_{14}	青岛港——→日照港	120	40.2	0.009	0.016	0.029	0.035	0.911	—
e_{15}	日照港——→连云港	74	38.7	0.006	0.011	0.015	0.022	0.034	0.912

水路运输费用由基本运费和附加运费构成，通过查阅相关资料，各条水路运输边的运价分别为秦皇岛港——→天津港：40.7（元/吨），天津港——→日照港：40.4（元/吨），天津港——→青岛港：40.6（元/吨），青岛港——→日照港：40.2（元/吨），日照港——→连云港：38.7（元/吨），该数据也汇总于表6-11中。这里的费用是在一段时间内的平均费用水平，在具体分析过程中，需要通过调研来确定当前煤炭物流运输市场中水路运输的费用情况。

6.3.2 运输费用约束下的能力可靠性评估

在前面的应用分析中，本章计算了图6-1中的煤炭物流运输网络的可靠性R_6，即网络能够把6万吨的煤炭需求量从大同顺利输送到连云港的概率，以评估其能够完成规定运输任务的能力。另外，考虑到物流运输费用对企业经营利润的显著影响，企业管理者会在一定程度上控制运输成本的支出。而常见的做法是，管理者会预先设定一个费用预算范围，在确保运输网络的可靠性满足一定要求的前提下，从该范围内选择最合适的费用预算。

下面计算运输网络在不同费用预算下的可靠性 $R_{(d,c)}$，其中，承载容量水平 $d=6$，费用预算（费用约束）c 的变化范围从 1180 到 1370（万元），费用预算每次增加的幅度为 100（万元）。为了计算 $R_{(d,c)}$，首先，利用第四章提出的算法寻找网络所有的 (d,c)-极小路；然后，根据求得的 (d,c)-极小路，再利用不交和方法计算 $R_{(d,c)}$ 的值。最后的计算结果汇总于表 6-12 中。

表 6-12　　　　　　　　不同费用约束下的网络可靠性

费用预算 c	1180	1190	1200	1210	1220
可靠性 $R_{(6,c)}$	0.660646	0.696656	0.705530	0.744366	0.745085
费用预算 c	1230	1240	1250	1260	1270
可靠性 $R_{(6,c)}$	0.806633	0.806934	0.809044	0.812055	0.818781
费用预算 c	1280	1290	1300	1310	1320
可靠性 $R_{(6,c)}$	0.819279	0.819401	0.819559	0.820650	0.820651
费用预算 c	1330	1340	1350	1360	1370
可靠性 $R_{(6,c)}$	0.820662	0.820712	0.820713	0.820714	0.820714

从表 6-12 中的结果能够看出，当费用预算 c 小于等于 1220 时，网络的可靠性较低，都小于 0.75。从 $c=1230$ 开始，网络的可靠性值都大于 0.80。随着费用预算 c 的增大，网络的可靠性值也不断增大，但注意到可靠性值的增大幅度普遍很小；特别地，从 $c=1360$ 开始，随着费用预算 c 的增大，网络的可靠性值却保持不变，即费用预算的增加对网络的可靠性已经没有任何影响，这是因为从 $c=1360$ 开始，费用约束下的网络可靠性已经等于没有费用预算约束的网络可靠性，即 $R_{(6,1360)}=R_{(6,1370)}=R_6=0.820714$。假定管理者设定的网络可靠性阈值为 0.82，

即运输网络的可靠性只要达到 0.82 便符合要求，则管理者选择的最佳费用预算为 1310，此时的可靠性值为 $R_{(6,1310)} = 0.820650$。

6.3.3 运输边单位运输费用对网络可靠性的影响

前面假定企业管理者设定的网络可靠性阈值为 0.82，从而得出最佳费用预算为 1310，此时的网络可靠性值为 $R_{(6,1310)} = 0.820650$。接下来用灵敏度分析的方法来确定运输边单位运输费用的增加对网络可靠性的影响。灵敏度分析的具体过程是，每次把一条运输边的单位运输费用增加 2（元），而其他运输边的单位运输费用保持不变，然后再计算新的网络可靠性值。例如，运输边 e_2（大同——→朔州）的单位运输费用从 23.2 增加到 24.2，而其他运输边的单位运输费用保持不变，此时计算网络可靠性 $R_{(6,1310)} = 0.820643$。针对每条运输边重复这样的过程，最后的计算结果汇总见表 6-13。

表 6-13　　　　　　单位运输费用的灵敏度分析

单位运输费用增加的边	起点——→终点	网络可靠性	与原网络可靠性的差	对网络可靠性的影响
e_1	大同——→北京	0.820065	0.000585	—
e_2	大同——→朔州	0.820643	0.000007	—
e_3	北京——→天津	0.820293	0.000357	—
e_4	北京——→石家庄	0.820643	0.000007	—
e_5	朔州——→天津港	0.820643	0.000007	—
e_6	天津——→秦皇岛港	0.820643	0.000007	—
e_7	**天津——→德州**	**0.820650**	**0.000000**	**最小**
e_8	石家庄——→德州	0.820643	0.000007	—
e_9	石家庄——→连云港	0.820643	0.000007	—
e_{10}	秦皇岛港——→天津港	0.820643	0.000007	—

续表

单位运输费用增加的边	起点——→终点	网络可靠性	与原网络可靠性的差	对网络可靠性的影响
e_{11}	天津港——→青岛港	0.820643	0.000007	—
e_{12}	天津港——→日照港	0.820643	0.000007	—
e_{13}	德州——→青岛港	0.820643	0.000007	—
e_{14}	青岛港——→日照港	0.820293	0.000357	—
e_{15}	**日照港——→连云港**	**0.819775**	**0.000875**	**最大**

注：原网络可靠性 $R_{(6,1310)}=0.820650$。

表 6-13 表明，运输边 e_{15}（日照港——→连云港）上单位运输费用的增加对网络可靠性的影响最大，因此，管理者需要重点关注日照港——→连云港这条运输边单位运输费用的变化。另外，运输边 e_7（天津——→德州）上单位运输费用的增加对网络可靠性的影响最小，因此，从网络可靠性的角度来看，管理者不需要太在意天津——→德州这条运输边单位运输费用的变化。与此同时，从整体的角度来看，某条运输边单位运输费用的增加对网络的可靠性影响还是有限的。最后，表 6-13 也表明，运输边上单位运输费用的增加将导致网络可靠性总是小于等于增加前的网络可靠性，这显然也是符合预期的。

6.4 改进网络可靠性的决策建议

前面对大同到连云港的煤炭物流运输网络能力可靠性进行了详细分析，根据研究结果，下面给出改进该网络可靠性的相关决策建议。

①鉴于该物流运输网络对应于高承载能力水平的可靠性较低，建议管理者要关注并提高那些对网络可靠性有显著影响的运输边的可靠性水平。譬如，根据前面的灵敏度分析，大同——→北京是对网络可靠性有显

著影响的运输边,考虑到铁路煤炭输送的关键是产煤区与交通枢纽之间的对接,在大同的产煤矿区,首先应整合资源建立煤炭集散中心,从源头保证煤炭的及时、有效供应,其次要充分挖掘市场上现有的物流资源,加强沟通、协调,运用信息化的手段来保证大同——→北京运输线路的安全、稳定运行;另外,注意到日照——→连云港也是对网络可靠性有显著影响的运输边,因此,在这两个港口要重视大型煤炭卸货码头和中转配送中心的建设与运营,着重解决煤炭入港之间设施不匹配的问题;同时还要重视江海联运,从总体上提升该线路的海运能力。

另外,要不断完善和发展煤炭物流运输网络线路,节点之间的协调能力。线路是构成网络的基本元素,因此,线路上各种设备的能力差异(效率,承载能力),线路的长度、线路的地理位置,布局等等都会影响煤炭物流运输网络的服务能力。为了提高煤炭物流运输网络的服务能力和可靠性水平,减少物流风险,需要从节点和线路的能力匹配、节点之间的协调等角度,来提高煤炭物流运输网络系统整体的服务水平、效率、风险水平,从而实现煤炭物流运输网络的高效运行。

②前面的讨论表明,该运输网络的承载能力水平存在一个明显的分界点,当承载能力水平大于该分界点时,网络可靠性显著下降。因此,在实际运营中,管理者要重视该分界点的存在,并且,如果终端客户的煤炭需求水平高于分界点时,管理者应制定详细、周密的备用方案以应对网络运行效率与服务水平的显著下降。譬如,管理者此时可以考虑启动备选运输线路来提高网络的运输能力,以提升网络能力可靠性。

同时,注意到在现实的煤炭运输过程中,不同运输方式的抗风险水平也是有较大差异,譬如,铁路运输相对于公路来说就更稳定和可靠,因此,在选择运输方式时,要综合考虑和分析各种运输方式的特点和适用条件,协同各种运输方式,实现整体最优。在实例分析中,该煤炭物流运输网络既有铁路运输,又有公路和水路运输,公路运输和水路运输都是铁路运输的有益补充,铁水联运、铁公联运的协同在实现煤炭物流运输网络最大社会效益和经济效益方面具有重要的作用。

③从网络最优改进方案的结果容易看出，不同的组合方案对网络可靠性的影响还是有比较明显的差异。对于各种情形下的网络最佳改进方案，备选运输边的选择是确定的，但在实际应用中，管理者还需要综合度量各种潜在的问题。譬如，在原网络中添加新的运输边后产生的费用问题；添加新的运输边后对于其他关联运输边、转运节点的影响等等。因此，管理者还是要从整体的、多维的角度出发来制定相关的决策方案，以便提高网络可靠性的同时也不会对网络运营的其他方面产生较大影响。当然，这就需要综合考虑新的线路与现有线路之间的协同问题，其中，最重要的是要包括线路中各个运输方式的协同，运输线路与转运节点之间的能力匹配等等。当然，最终的目的是要提高整个煤炭物流运输网络的抗风险能力，提高煤炭物流运输网络系统的稳定性，保证煤炭物流的健康、可持续发展。

④前面的分析表明，当运输费用约束在某个区间范围内变化时会对网络可靠性产生影响，而一旦超过该区间范围，运输费用约束对网络可靠性不再产生影响。因此，在实际应用中，管理者需要根据网络可靠性的要求来选择最合理的费用预算方案，而不是一味地通过增加运输费用来提高网络可靠性水平。具体到应用的层面，管理者除了重视网络硬件设施投资之外，还需要关注网络运行过程中的软件建设，譬如，最新的网络技术，更先进的网络运营模式（包括组织模式、管理模式），网络的信息化程度等方面。

特别需要指出的是，物流系统的信息共享对于提高煤炭物流运输网络的运行效率越来越重要。物流的相关信息在系统中流畅地传递，使得各个层级的决策者能够及时了解市场和顾客的需求，也能够及时掌握物流系统当前的变化态势，从而做出实时的应对措施。另外，信息共享可以减少由于信息不对称所带来的风险，其独特作用体现在加强物流系统中各个参与主体的相互协作水平，提高物流服务的反应速度和物流质量的竞争力。因此，公司决策部门要有魄力，在信息系统的构建和共享方面加大投入力度，不断提高企业在物流运营方面的信息化水平。

6.5 关于煤炭物流配送发展的建议

（1）调整社会经济环境和规范煤炭配送行业经济秩序

煤炭行业是传统工业，我国煤炭配送行业发展速度慢，国家政策应积极向煤炭物流运输行业倾斜，加大政府投入力度，调整经济结构进行宏观调控，优化社会经济环境。为煤炭配送行业的发展铺平道路。中国煤炭行业结构复杂，大煤矿，小煤矿，私人煤矿，经济秩序混乱，造成煤炭运输配送成本居高不下。完善法律规章制度，规范煤炭经济秩序，实现我国煤炭行业又好又快发展。

（2）改革企业内部物资供应体制

目前我国多数煤炭企业物资供销采取的是局矿分级分散的管理模式，这种模式带来的最大弊端是，采购费用高，物资积压严重，储备资金占用过大，而且由于采购过程难以得到有效监控，很容易滋生腐败现象。解决这些问题的根本途径，就是改革物资供应体制，实行"集中采购、集中储备、集中配送"。集中采购，就是取消基层单位的采购权，所用物资由集团公司统一招标采购。集中储备，就是取消各矿厂分仓库，变原来的分级储备为集团公司集中储备、集中管理，建立超级市场，实行超市化管理，代储代销。集中配送，就是成立区域性配送中心，根据矿厂所在位置分布，科学设置物资配送流程、优化配送路线，并根据信息网络提供的物资需求和物资代储情况，实行集中配送。

（3）积极探索和实践现代物资配送模式

物资配送工作，应适应不同类型企业的生产经营规律。煤炭企业生产建设所需物资可分为主要原材料和辅助材料两大类，应采用不同的配送方式，当物资品种较少而数量较大较稳定时，使用整车运输，以降低运输成本。对于设备检修和重点项目，应随时根据生产进度将所需物资送达生产现场；对于多品种、小批量、多批次的物资，实行配载运输，提高满载率；对于生产计划变化及井下应急抢险等偶发性情况，保证即时配送，能够随时将所需物资配送至现场。

(4) 强化物资配送基础管理

为充分发挥专业优势，增强配送能力，在物流配送过程中，应从多方面着手，改善基础管理，提高物资配送工作的规范化和科学化水平。一是加强物资配送计划管理工作，提高计划的准确性，以需求预测和配载运输为重点，避免临时或无计划配送。二是开展应急配送业务，制定安全可靠实用的配送方案，合理安排运输线路和运输车辆，保障应急状态下的物资供应。三是应用现代信息技术，实现配送计划提报、方案选用以及配送过程的监控以及结算、统计报表生成等工作的即时处理，提高工作效率和准确性。四是建立完整的配送制度和岗位责任制，加强对配送工作质量和服务质量的监督控制，并以定性和定量相结合的办法，加强对配送成本的控制考核，从制度上保证服务质量持续提高。

(5) 充分发挥"第三方物流"作用，提高煤炭配送行业的服务

由于企业内部物流系统受企业规模和工作性质的限制，其主要业务范围仅限于本企业的各部门之间，在发挥降低成本作用时，应充分发挥企业外部"第三方物流"的作用，实行专人、专区、专账管理，物资消耗、结算及供应实行月消耗、月结算、月补充的社会库存方法。对使用量大、资金占用量大、占用库存空间大、周期性需求的物资，采取库房延伸的办法来实现社会库存。同时，煤炭企业还应发挥专业和品牌优势，实施"走出去"战略，拓展物流外包市场，开辟第三方物流发展新道路。

(6) 加强物资配送信息化和人才队伍建设

具体来讲就是要开发应用供应链管理信息系统，涵盖计划、合同、出入库、财务、物资配送、价格、供货商、用户、综合统计、物资超市、数据交换等管理功能。实现信息流、资金流、商品流的有机统一，

为实现资源共享、提高业务管理水平搭建快捷、高效的平台。在信息化建设上，我们还应当充分发挥计算机网络系统的功能，设置必要的监督和制约流程，以进一步增加物资采购和供应过程的透明度，实现阳光采购。现代物资配送管理使物资管理职能发生了变化，也对物资配送人才的理念、素质和业务技能提出了新的更高的要求，煤炭企业应当高度重视物资供销从业人员的培养，不断学习知识和提高技能水平，更好地适应现代企业物资配送管理的需要。

（7）整合煤炭配送行业的配送系统，发展公共配送平台

我国煤炭配送中心纷繁多杂，大小不一，发展也是参差不齐，整合配送中心，兼并小的，效率低下的配送中心，实现规模效益。发展公共配送平台，降低煤炭配送成本，提高物资配送效率。

6.6 本章小结

本章重点从应用的角度讨论了煤炭物流运输网络的可靠性问题。以大同到连云港的煤炭物流运输网络为例，本章利用前面提出的可靠性方法对其能力可靠性/运输费用约束下的能力可靠性进行了评估分析，并从应用的角度解释了可靠性的管理含义；从可靠性的概率属性出发，本章提出了期望承载能力的概念，并给出了计算方法。鉴于可靠性是衡量网络性能的重要指标，它既可用来评估现实中的煤炭物流运输网络在运行过程中的服务质量和服务水平，也可作为性能参数用于改进和优化现有网络，因此，本章从可靠性的角度建立了煤炭物流运输网络最优改进方案的数学模型，并根据模型对实例网络的最优改进方案进行了研究。

在网络性能评估中，除了可靠性本身之外，分析并确定构成单元可靠性的变化对网络可靠性的影响有着重要的应用价值，因为这有助于管理者准确找出影响网络性能的关键构成单元。因此，本章利用灵敏度分

析方法讨论了运输边的可靠性变化/运输边单位运输费用的变化对实例网络可靠性的影响。最后，根据分析结果，本章对提高实例网络可靠性提出了相关决策建议。同时，从宏观的角度对社会煤炭物流配送的发展提出了相关的建议。

7

结论及展望

7.1 结　　论

　　安全可靠的服务功能是煤炭物流运输网络最基础的，也是必须具备的功能。只有在安全可靠的基础上，才能实现煤炭物流运输网络最大的经济和社会效应（即该网络的最大服务能力水平），这也将是我国煤炭物流运输领域所追求的最高目标。我国煤炭物流运输系统网络结构是一个复杂的系统工程。它由若干不同区域系统组成，每个系统又由若干作业环节组成，这些环节和系统相互联系作用，但彼此相对独立。因此，各个系统结构之间的可靠性水平相互关联，相互制约，需要从系统的角度对整个煤炭物流运输网络的可靠性水平进行评估和优化。

　　煤炭物流运输网络的服务质量在一定程度上影响着煤炭企业的经营利润与可持续发展水平。作为网络性能评估工具，可靠性分析为管理者提供了一种有效手段来获得网络运行状态的定量信息，并在煤炭物流运输网络的规划与运营方面得到了许多应用。本书针对煤炭物流运输网络可靠性问题，综合运用图论与组合数学，网络流理论，可靠性理论、最优化理论、数理统计、物流与供应链管理等理论与方法，重点研究了二态网络模型下煤炭物流运输网络的连通可靠性，多态网络模型下煤炭物流运输网络的能力可靠性、费用约束下的能力可靠性以及基于能力可靠性的网络最优改进方案问题。本书的主要研究结论如下：

①通过引入并整合保持可靠性不变的网络化简方法与网络状态向量集分解方法，本书提出了一种更高效的煤炭物流运输网络连通可靠性分析方法，对算例的分析结果表明，算法在连通可靠性评估方面具有明显的效率优势。

②从连通可靠性出发，本书建立了运输边重要性的度量指标，并以山西宏圣公司的煤炭物流运输网络为例开展了实证研究。结果表明，当网络中存在多组（s，t）对时，从网络整体连通性水平的角度衡量运输边的重要性与从某组具体（s，t）对的连通性水平的角度衡量运输边的重要性是有区别的，因此，管理者在制定网络改进方案时需要注意两者的差别，以便做出最佳的决策方案。

③针对煤炭物流运输网络能力可靠性评估问题，通过引入容量下界和关联值的概念，本书提出了一种更高效的多态极小路方法。数值试验的结果表明，和传统方法相比较，该方法在求解多态极小路方面具有明显的效率优势，从而为煤炭物流运输网络能力可靠性评估提供了一种新的有效方法。

④针对运输费用约束下的能力可靠性评估问题，结合状态向量空间分解方法和隐式枚举法，本书提出了一种满足费用约束的多态极小路方法。通过数值试验对提出的算法进行了检验，结果表明，提出的算法在计算效率方面具有明显的改进。

⑤以大同到连云港的煤炭物流运输网络作为分析对象，本书从能力可靠性/运输费用约束下的能力可靠性方面对其进行了实证研究；并借助于灵敏度分析方法，详细分析了运输边可靠性的变化/运输边单位运输费用的变化对网络能力可靠性的影响，据此提出网络运行和维护过程中的管理策略。

⑥本书把能力可靠性作为决策目标,构建了煤炭物流运输网络最优改进方案的理论模型。以大同到连云港的煤炭物流运输网络为例,利用提出的优化模型讨论了其最优改进策略,并给出了相关决策建议。

7.2 展　　望

煤炭物流是社会商品物流的重要组成部分,因其对煤炭经济发展和产业结构调整与升级的巨大影响,构建现代化的煤炭物流体系正成为煤炭行业共同努力的方向。煤炭物流运输网络是煤炭物流活动的支撑系统,它的失效将导致煤炭供应链的中断甚至崩溃,这无疑将直接影响煤炭行业及其上、下游产业的健康发展,因此,煤炭物流运输网络可靠性越来越为人们所重视和关注。本书从理论评估和应用分析两个方面对煤炭物流运输网络可靠性问题进行了初步研究,虽然取得了一些研究成果,但由于煤炭物流运输网络是一个动态的复杂的大系统,不确定因素众多,仍然存在许多问题值得进一步深入研究。这些问题具体包括:

①作为散装货物,煤炭在长距离运输过程中,不可避免地会出现煤炭运输损耗。但在本书的讨论中,流守恒条件是网络可靠性建模的基础,也就是说,本书没有考虑流传输过程中的流损耗现象。为了使得讨论的可靠性模型更加贴合实际,后续工作将进一步研究运输损耗条件下的煤炭物流运输网络可靠性问题。

②在煤炭运输过程中,运输时间也是衡量煤炭物流效率非常重要的一个要素,尤其是在遇到突发自然灾害导致运输线路被破坏时,运输时间因素直接关系到煤炭生产企业的调度安排计划和煤炭需求企业的生产计划。因此,在后续研究中,考虑在可靠性问题中加入运输时间约束构建多维度的网络性能指标,从而更全面、更科学地评估煤炭物流运输网络的服务质量。

③在建立可靠性模型时，本书仅考虑煤炭物流节点的中转作用，而在现实的运营过程中，煤炭物流节点（转运中心，集散中心，配送中心）既充当转运的角色，又充当部分仓储的角色。煤炭企业可根据市场情况适时把物流节点储备的煤炭量供应给市场以满足终端用户的需求。因此，后续研究将进一步考虑把某些物流节点看作特殊的"源点"，这些"源点"既接收煤炭商品流，同时自身也产生煤炭商品流，并由此构建网络可靠性模型。

④当前，多数煤炭企业开始尝试借助第三方物流来完成煤炭商品的运输与配送。由于具有高度的专业性、灵活性、对市场环境的适应性，第三方物流在煤炭物流行业的优势和作用正不断得到加强。另外，注意到第三方物流所提供的物流服务会因各种外部因素的变化而出现波动。因此，煤炭企业在选择第三方物流时也将面临众多不确定性，如服务质量的不确定性，服务时间的不确定性。如何从服务可靠性的角度建立优化模型来确定最佳第三方物流供应商将是值得研究的课题。

⑤建立综合的煤炭物流运输网络风险评价指标体系。作为一种性能评价指标，可靠性只能算是煤炭物流运输网络风险评价指标体系的一部分。由于煤炭物流运输网络是一个复杂的开放系统，其风险影响因素涉及到社会、经济、自然环境等各个方面，因此，有必要建立更加完善、综合的风险评价指标体系来度量煤炭物流运输网络的潜在风险和鲁棒性。

⑥在可靠性建模过程中，煤炭物流运输网络的拓扑结构被认为是固定不变的，但随着运营模式的变化，煤炭物流运输网络的功能拓扑结构也要进行有针对性的调整，这必然导致运输线路的改变以及运输节点的功能发生演化，从而使煤炭物流网络的运营产生风险。因此，如何从可靠性的角度对所产生的风险性进行分析和评价，有待进一步研究。

⑦在可靠性评估过程中，煤炭物流运输网络的状态概率分布都是基

于历史的数据经过统计分析得到的，这样的数据对于当前的网络运行态势是否适用也是一个需要验证和分析的问题。另外，如果能够从动态可靠性的角度对煤炭物流运输网络的工作状态进行实时评估和调节将更符合现实需求。

参 考 文 献

[1] 王显政. 抓住机遇迎接挑战促进煤炭工业健康可持续发展 [J]. 中国煤炭, 2007, 33 (6): 11-14.

[2] 濮洪九. 以科技创新推动中国煤炭工业转型升级发展 [J]. 煤炭经济研究, 2013, 33 (5): 5-8.

[3] 赵文竹. 我国煤炭运输格局分析 [J]. 综合运输, 2005, 4: 73-76.

[4] 崔迪, 陈桂洪, 于春雷. 我国煤炭海铁联运物流网络复杂性及安全可靠性研究 [J]. 物流技术, 2010, 29 (11): 28-30.

[5] 崔迪. 我国煤炭海铁联运物流网络的特性研究 [C]. 中国, 2010.

[6] 蔡珬辉. 基于模糊综合评判法的煤炭物流运输网络风险管理研究 [D]. 山西大学博士学位论文, 2011.

[7] 朱婷婷. 基于可靠性约束的煤炭物流网络优化研究 [D]. 北京交通大学硕士学位论文, 2013.

[8] 管小俊. 煤炭物流运输网络风险评价及均衡保持关键问题研究 [D]. 北京交通大学博士学位论文, 2010.

[9] 管小俊, 王喜富, 赵婧. 煤炭物流网络系统风险评价分析研究 [J]. 物流技术, 2009, 28 (12): 67-69.

[10] 乔金锁, 王喜富, 沈喜生, 石亮. 煤炭运输网络结构鲁棒性评价及应用研究 [J]. 交通运输系统工程与信息, 2013, 13 (4): 126-133.

［11］赵鲁华，曹庆贵，亓玉礼．我国煤炭物流运输网络风险评价与对策研究［J］．中国安全生产科学技术，2012，8（8）：92－97．

［12］姚丙路．煤炭物流运输网络拓扑结构的鲁棒性研究［D］．河北工业大学硕士学位论文，2012．

［13］吴六三．基于网络熵的网络可靠性研究［D］．南京航空航天大学博士学位论文，2014．

［14］王金武．可靠性工程基础［M］．北京：科学出版社，2013．

［15］劳沙德．系统可靠性理论［M］．北京：国防工业出版社，2010．

［16］Kuo W. Risk and reliability are part of our life［J］．IEEE Transactions on Reliability，2015，64（1）：2－3．

［17］Zio E. Reliability engineering：Old problems and new challenges［J］．Reliability Engineering and System Safety，2009，94：125－141．

［18］Zio E. Some Challenges and Opportunities in Reliability Engineering［J］．IEEE Transactions on Reliability，2016，65（4）：1769－1782．

［19］赵聪颖．煤炭物流运输网络效率分析［D］．上海交通大学硕士学位论文，2013．

［20］赵国智，王喜富，张仲义．煤炭物流网络的复杂性分析及优化方法研究［J］．物流技术，2008，27（8）：117－119．

［21］李爱彬．煤炭绿色物流系统构建与优化研究［D］．中国矿业大学博士学位论文，2012．

［22］武云亮，黄少鹏．我国煤炭物流网络体系优化及其政策建议［J］．中国煤炭，2008，34（10）：27－29．

［23］王帅．煤炭物流网络运作模式研究［D］．长安大学硕士学位论文，2009．

［24］汪文生，曾志猛，王娟．多级煤炭物流网络优化选择模型的构建与应用［J］．煤炭学报，2011，6：1060－1064．

［25］赵鲁华，曹庆贵，亓玉礼．煤炭物流网络现状分析与优化研究［J］．铁道货运，2012，4：22－25．

[26] 王建, 张文杰. 供应链系统可靠性分析 [J]. 中国安全科学学报, 2003, 13 (11): 73-75.

[27] 方敏. 供应链可靠性研究 [D]. 南京航空航天大学博士学位论文, 2003.

[28] 曾峰, 李夏苗. 基于层次分析法的供应链可靠性分析 [J]. 物流技术, 2005, 10: 44-47.

[29] 刘元洪, 罗明, 刘仲英. 供应链的可靠性管理 [J]. 现代管理科学, 2005, 5: 15-16.

[30] 宁科荃. 基于可靠性的供应链优化分析 [D]. 大连理工大学博士学位论文, 2005.

[31] 许振宇, 任世科, 郭雪松, 袁治平. 不确定条件下应急供应链可靠性评价模型 [J]. 运筹与管理, 2015, 24 (3): 35-44.

[32] Wang N., Lu J. C., Kvam P. Reliability modeling in spatially distributed logistics systems [J]. IEEE Transactions on reliability, 2006, 55 (3): 525-534.

[33] Lin YK. System reliability evaluation for a multistate supply chain network with failure nodes using minimal paths [J]. IEEE Transactions on Reliability, 2009, 58 (1): 34-40.

[34] 陈坚, 晏启鹏, 霍娅敏, 傅志妍. 基于可靠性分析的区域灾害应急物流网络设计 [J]. 西南交通大学学报, 2011, 46 (6): 1025-1031.

[35] 张雪松, 王伟, 蒋泓松, 封学军, 苏以权. 基于网络可靠度的应急物资调配优化研究 [J]. 物流技术, 2012, 31 (9): 235-237.

[36] 王敏功, 王伟, 蒋泓松, 王娟, 苏以权. 基于复杂网络理论的应急物流网络可靠性仿真研究 [J]. 物流技术, 2012, 31 (19): 144-147.

[37] 张有志, 曾华锋, 聂影. 城市应急物流系统可靠性评价研究 [J]. 物流科技, 2014, 37 (4): 28-31.

[38] 张焱. 基于可靠性的生鲜农产品物流网络优化 [D]. 西南交通大学博士学位论文, 2009.

[39] 冯国壁, 刘罡, 王伟, 李学军. 敏捷农产品物流网络可靠性研究 [J]. 物流科技, 2012, 6: 83-88.

[40] 冯国壁. 农产品物流网络的优化及可靠性研究 [D]. 山东师范大学硕士学位论文, 2009.

[41] 陈德良. 物流网络可靠性的关键问题与应用研究 [D]. 中南大学博士学位论文, 2010.

[42] 陈德良, 陈治亚. 物流网络的可靠性及概率特征研究 [J]. 中南林业科技大学学报, 2010, 30 (10): 129-132.

[43] 胡尊国. 可靠性理论在物流配送中的应用研究 [D]. 长沙理工大学博士学位论文, 2011.

[44] Jane C. C., Laih Y W. Algorithms to determine the threshold reliability of flow networks [J]. IIE Transactions, 2004, 36 (5): 469-479.

[45] Lin Y. K. Performance evaluation for the logistics system in case that capacity weight varies from arcs and types of commodity [J]. International Journal of Production Economic, 2007, 107 (2): 572-580.

[46] Niu Y. F., Gao Z. Y., Lam W. H. K. Evaluating the reliability of a stochastic distribution network in terms of minimal cuts [J]. Transportation Research Part E, 2017, 100: 75-97.

[47] Niu Y. F., Lam W. H. K., Gao Z. Y. An efficient algorithm for evaluating logistics network reliability subject to distribution cost [J]. Transportation Research Part E, 2014, 67: 175-189.

[48] Jane C. C., Laih Y. W. Performance evaluation of logistics systems under cost and reliability considerations [J]. Transportation Research Part E, 2011, 47: 130-137.

[49] Jane C. C., Laih Y. W. Evaluating cost and reliability integrated performance of stochastic logistics systems [J]. Naval Research Logistics (NRL),

2012, 59 (7): 577-586.

[50] Lin Y. K., Yeh C. T. Determine the optimal carrier selection for a logistics network based on multi-commodity reliability criterion [J]. International Journal of Systems Science, 2013, 44 (5): 949-965.

[51] Peng P., Snyder L. V., Lim A., Liu Z. L. Reliable logistics networks design with facility disruptions [J]. Transportation Research Part B, 2011, 45: 1190-1211.

[52] 缪子山. 基于替代路径的军事物流运输网络连通可靠性评价 [J]. 军事交通学院学报, 2014, 16 (12): 53-57.

[53] 林志翔, 甘明, 王丰, 刘洪娟. 军事物流网络可靠性评估研究综述 [J]. 物流技术, 2013, 32 (1): 263-266.

[54] 余静. 煤炭转运型物流节点的可靠性研究 [J]. 辽宁工程技术大学学报, 2006, 25 (s1): 4-6.

[55] 周宣赤. 煤矿生产物流系统的安全可靠性研究 [D]. 北京物资学院硕士学位论文, 2010.

[56] 甄小燕. 从南方雪灾看我国煤炭运输的可靠性 [J]. 综合运输, 2008, 4: 75-77.

[57] 王雪. 基于复杂网络理论的区域煤炭运输公路网的可靠性研究 [D]. 北京交通大学博士学位论文, 2012.

[58] 才庆祥, 余静. 矿区铁路运输系统可靠性研究 [J]. 煤炭学报, 2004, 29 (5): 536-539.

[59] Gebre B. A., Ramirez-Marquez J. E. Element substitution algorithm for general two-terminal network reliability analyses [J]. IIE Transaction, 2007, 39: 265-275.

[60] 许良, 高自友. 基于连通可靠性的城市道路交通离散网络设计问题 [J]. 燕山大学学报, 2007, 31 (2): 159-163.

[61] Mishra R., Saifi M. A., Chaturvedi S. K. Enumeration of minimal cutsets for directed networks with comparative reliability study for paths or cuts

[J]. Quality and Reliability Engineering International, 2015, 32: 555 - 565.

[62] Soh S., Rai S. Experimental results on preprocessing of path/cut term in the sum of disjoint products technique [J]. IEEE Transaction on Reliability, 1993, 42: 24 - 33.

[63] Locks M. O. A. minimizing algorithm for sum of disjoint products [J]. IEEE Transactioin on Reliability, 1987, 36 (4): 436 - 445.

[64] Wilson J. M. An improved minimizing algorithm for sum of disjoint products [J]. IEEE Transaction on Reliability, 1990, 39 (1): 42 - 45.

[65] 刘威, 李杰. 网络可靠度分析的极小路算法和最小割算法研究 [J]. 地震工程与工程震动, 2008, 28 (3): 33 - 38.

[66] 刘威, 李杰. 生命线网络可靠度分析的改进极小路递推分解算法 [J]. 地震工程与工程震动, 2009, 29 (5): 66 - 72.

[67] 牛义锋. 一个计算网络可靠度的递归算法 [J]. 计算技术与自动化, 2009, 28 (4): 80 - 83.

[68] 孙艳蕊, 陈永川, 张祥德. 一个计算无圈有向网络可靠度的新算法 [J]. 通信学报, 2002, 23 (12): 1 - 7.

[69] Moskowitz. The analysis of redundancy networks [J]. AIEE Trans communications and electronics, 1958, 39: 627 - 632.

[70] Wood P K. Factoring algorithms for computing K - terminal network reliability [J]. IEEE Transaction on Reliability, 1986, 35 (3): 269 - 278.

[71] Resende L. Implementation of a factoring algorithm for reliability evaluation of undirected networks [J]. IEEE Transaction on Reliability, 1988, 37: 462 - 468.

[72] 崔磊, 肖宇峰, 黄玉清. 因子分解二终端网络可靠度近似计算 [J]. 计算机工程与应用, 2012, 48 (12): 53 - 56.

[73] 孙艳蕊, 毕继国, 张祥德. 计算有圈有向网络根通信可靠度

的因子分解算法［J］. 东北大学学报（自然科学版），2010，31（4）：486-489.

［74］Niu Y. F., Shao F. M. A practical bounding algorithm for computing two-terminal reliability based on decomposition technique［J］. Computers and Mathematics with Application，2011，61：2241-2246.

［75］牛义锋，徐秀珍，李明奇. 基于网络化简和向量集分解的网络两终端可靠度算法［J］. 计算机应用研究，2010，27（12）：4750-4754.

［76］牛义锋，王艳红，徐秀珍. 计算网络两终端可靠度的新分解算法［J］. 计算机工程与应用，2011，47（30）：79-82.

［77］Hardy G., Lucet C., Limnios N. K-terminal network reliability measures with binary decision diagrams［J］. IEEE Transaction on Reliability，2007，56（3）：506-515.

［78］Ball M. O. Computational complexity of network reliability analysis an overview［J］. IEEE Transaction on Reliability，1986，35（13）：230-239.

［79］Shier D. Network Reliability and Algebraic Structures［M］. New York，USA：Clarendon Press，1991.

［80］Lisnianski A., Frenkel I., Ding Y. Multi-state system reliability analysis and optimization for engineers and industrial managers［M］. Springer Science & Business Media，2010.

［81］Levitin G., Lisnianski A. Multi-state system reliability analysis and optimization［M］. Springer London，2003.

［82］李春洋. 基于多态系统理论的可靠性分析与优化设计方法研究［D］. 国防科学技术大学博士学位论文，2010.

［83］牛义锋，韦纯福，赵宁. 基于最大流理论和分解技术的多态系统可靠性评估［J］. 模糊系统与数学，2013，27（5）：182-190.

［84］Natvig B., Streller A. The steady-state behaviour of multistate monotone systems [J]. Journal of applied probability, 1984, 21 (04): 826-835.

[85] Gasemyr J, Natvig B. Probabilistic modelling of monitoring and maintenance of multistate monotone systems with dependent components [J]. Methodology and Computing in Applied Probability, 2005, 7 (1): 63-78.

[86] Lisnianski A. Extended block diagram method for a multi-state system reliability assessment [J]. Reliability Engineering and System Safety, 2007, 92 (12): 1601-1607.

[87] 李阳珍, 张喜征. 基于Markov过程的物流服务供应链可靠性分析 [J]. 重庆交通大学学报（自然科学版）, 2012, 31 (4): 895-899.

[88] Xing L., Dugan J. B. Dependability analysis using multiple-valued decision diagrams [C]. Proceedings of 6th International Conference on Probabilistic Safety Assessment and Management. 2002.

[89] Xing L., Dai Y. S. A new decision-diagram-based method for efficient analysis on multistate systems [J]. IEEE Transactions on Dependable and Secure Computing, 2009, 6 (3): 161-174.

[90] Shrestha A., Xing L., Coit D. W. An efficient multistate multi-valued decision diagram-based approach for multistate system sensitivity analysis [J]. IEEE Transactions on Reliability, 2010, 59 (3): 581-592.

[91] Mo Y., Xing L., Amari S. V. A multiple-valued decision diagram based method for efficient reliability analysis of non-repairable phased-mission systems [J]. IEEE Transactions on Reliability, 2014, 63 (1): 320-330.

[92] Zhai Q., Xing L., Peng R., Yang J. Multi-valued decision diagram-based reliability analysis of k-out-of-n cold standby systems subject to scheduled backups [J]. IEEE Transactions on Reliability, 2015, 64 (4): 1310-1324.

[93] 翟庆庆, 杨军, 彭锐, 赵宇. 基于多值决策图的温储备系统可靠性建模方法 [J]. 北京航空航天大学学报, 2016, 42 (3): 459-

464.

［94］Levitin G. A universal generating function approach for the analysis of multi-state systems with dependent elements［J］. Reliability Engineering and System Safety, 2004, 84 (3): 285 - 292.

［95］Yeh W. C. The k-out-of-n acyclic multistate-node networks reliability evaluation using the universal generating function method［J］. Reliability Engineering and System Safety, 2006, 91 (7): 800 - 808.

［96］Levitin G. Lisnianski A. Importance and sensitivity analysis of multi-state systems using the universal generating function method［J］. Reliability Engineering and System Safety, 1999, 65 (3): 271 - 282.

［97］Li Y. F., Zio E. A multi-state model for the reliability assessment of a distributed generation system via universal generating function［J］. Reliability Engineering and System Safety, 2012, 106: 28 - 36.

［98］Ding Y., Lisnianski A. Fuzzy universal generating functions for multi-state system reliability assessment［J］. Fuzzy Sets and Systems, 2008, 159 (3): 307 - 324.

［99］史跃东, 陈砚桥, 金家善. 舰船装备多状态可修复系统可靠性通用生成函数解算方法［J］. 系统工程与电子技术, 2016, 38 (9): 2215 - 2220.

［100］Doulliez P., Jamoulle E. Transportation networks with random arc capacities［J］. RAIRO, 1972, 6 (3): 45 - 59.

［101］Alexopoulos C. Note on state-space decomposition methods for analyzing stochastic flow networks［J］. IEEE Transactions on Communication, 1995, 44 (2): 354 - 357.

［102］Jane C. C., Laih Y. W. A practical algorithm for computing multi-state two-terminal reliability［J］. IEEE Transactions on Reliability, 2008, 57 (2): 295 - 302.

［103］Jane C. C., Laih Y. W. Computing multi-state two-terminal reliability through critical arc states that interrupt demand [J]. IEEE Transactions on Reliability, 2010, 59 (2): 338 - 345.

[104] Jane C. C., Laih Y. W. Distribution and reliability evaluation of max-flow in dynamic multi-state flow networks [J]. European Journal of Operational Research, 2016, 259 (3): 1045 - 1053.

[105] Lin J S, Jane C. C., Yuan J. On reliability evaluation of a capacitated-flow network in terms of minimal pathsets [J]. Networks, 1995, 25 (3): 131 - 138.

[106] Lin Y. K. A simple algorithm for reliability evaluation of a stochastic-flow network with node failure [J]. Computers and Operations Research, 2001, 28 (13): 1277 - 1285.

[107] Yeh W. C. A simple method to verify all d-minimal path candidates of a limited-flow network and its reliability [J]. The International Journal of Advanced Manufacturing Technology, 2002, 20 (1): 77 - 81.

[108] Satitsatian S., Kapur K. C. An algorithm for lower reliability bounds of multistate two-terminal networks [J]. IEEE Transactions on Reliability, 2006, 55 (2): 199 - 206.

[109] Chen S. G., Lin Y. K. Searching for d - MPs with fast enumeration [J]. Journal of Computational Science, 2016, 17: 139 - 147.

[110] Bai G., Zuo M. J., Tian Z. Search for all d - MPs for all d levels in multistate two-terminal networks [J]. Reliability Engineering and System Safety, 2015, 142: 300 - 309.

[111] Ramirez - Marquez J. E., Coit D. W., Tortorella M. A generalized multistate-based path vector approach to multistate two-terminal reliability [J]. IIE Transactions, 2006, 38 (6): 477 - 488.

[112] Yeh W. C. A novel method for the network reliability in terms of capacitated minimum-paths without knowing minimum-paths in advance [J]. Journal of the Operational Research Society, 2005, 56: 1235 - 1240.

[113] Xu X. Z., Niu Y. F. A hybrid algorithm for reliability evaluation of a multi-state system [J]. Journal of the Chinese Institute of Engineers, 2013, 36 (2): 173 – 179.

[114] Niu Y. F., Gao Z. Y., Sun H J. An improved algorithm for solving all d-minimal paths in multi-state networks. Journal of System Science and System Engineering, 2017, DOI: 10.1007/s11518 – 017 – 5343 – 7.

[115] Jane C. C., Lin J. S., Yuan J. Reliability evaluation of a limited-flow network in terms of minimal cutsets [J]. IEEE Transactions on Reliability, 1993, 42 (3): 354 – 361.

[116] Lin Y. K. Using minimal cuts to evaluate the system reliability of a stochastic-flow network with failures at nodes and arcs [J]. Reliability Engineering and System Safety, 2002, 75 (1): 41 – 46.

[117] Yeh W. C. A new approach to the d – MC problem [J]. Reliability Engineering and System Safety, 2002, 77 (2): 201 – 206.

[118] Yeh W. C. A simple MC – based algorithm for evaluating reliability of stochastic-flow network with unreliable nodes [J]. Reliability Engineering and System Safety, 2004, 83 (1): 47 – 55.

[119] Yan Z., Qian M. Improving efficiency of solving d – MC problem in stochastic-flow network [J]. Reliability Engineering and System Safety, 2007, 92 (1): 30 – 39.

[120] Yeh W. C. A fast algorithm for searching all multi-state minimal cuts [J]. IEEE Transactions on Reliability, 2008, 57 (4): 581 – 588.

[121] Forghani-elahabad M., Mahdavi – Amiri N. A new efficient approach to search for all multi-state minimal cuts [J]. IEEE Transactions on Reliability, 2014, 63 (1): 154 – 166.

[122] Yeh W. C., Bae C., Huang C. L. A new cut-based algorithm for the multi-state flow network reliability problem [J]. Reliability Engineering and System Safety, 2015, 136: 1 – 7.

[123] Forghani-elahabad M., Mahdavi - Amiri N. An improved algorithm for finding all upper boundary points in a stochastic-flow network [J]. Applied Mathematical Modelling, 2016, 40 (4): 3221 - 3229.

[124] Forghani-elahabad M., Mahdavi - Amiri N. On search for all d - MCs in a network flow [J]. Iranian Journal of Operations Research, 2013, 4 (2): 108 - 126.

[125] Aven T. Reliability evaluation of multistate systems with multistate components [J]. IEEE Transactions on Reliability, 1985, 34 (5): 473 - 479.

[126] Griffith W S. Multistate reliability models [J]. Journal of Applied Probability, 1980, 17 (3): 735 - 744.

[127] Lin J. S. Reliability evaluation of capacitated-flow networks with budget constraints [J]. IIE Transactions, 1998, 30 (12): 1175 - 1180.

[128] Lin Y. K. Reliability of a stochastic-flow network with unreliable branches and nodes under budget constraints [J]. IEEE Transactions on Reliability, 2004, 53 (3): 381 - 387.

[129] Yeh W. C. A new approach to evaluate reliability of multistate networks under the cost constraint [J]. Omega, 2005, 33 (3): 203 - 209.

[130] Yeh W. C. An improved method for multistate flow network reliability with unreliable nodes and a budget constraint based on path set [J]. IEEE Transactions on Systems, Man, and Cybernetics - Part A: Systems and Humans, 2011, 41 (2): 350 - 355.

[131] Niu Y. F., Xu X. Z. Reliability evaluation of multi-state systems under cost consideration [J]. Applied Mathematical Modelling, 2012, 36 (9): 4261 - 4270.

[132] Niu Y. F., Gao Z. Y., Lam WHK. A new efficient algorithm for finding d-minimal cuts in multi-state networks. Reliability Engineering and System Safety, 2017, 66: 151 - 163.

[133] Yeh W. C. A simple approach to search for all d - MCs of a limit-

ed-flow network [J]. Reliability Engineering and System Safety, 2001, 71 (1): 15 – 19.

[134] 牛义锋. 多态网络系统可靠性评估方法研究 [D]. 北京交通大学博士学位论文, 2017.

[135] Aggarwa K. K., Misra K. B., Gupta J S. A simple method for reliability evaluation of a communication system [J]. IEEE Transaction on Communications, 1975, 23: 563 – 565.

[136] GB/T18354 – 2006. 物流术语 [S]. 北京: 中国国家标准化管理委员会, 2006.

[137] 王之泰. 现代物流管理 [M]. 北京: 中国工人出版社, 2001.

[138] 蒋伶俐. 构建中国现代煤炭物流体系的研究 [D]. 中国地质大学博士学位论文, 2013.

[139] 煤炭物流配送行业现状分析报告 [EB/OL]. http://www.chinawuliu.com.cn/xsyj/201310/16/260 396.shtml, 2013.

[140] Chen A., Kasikitwiwat P., Yang C. Alternate capacity reliability measures for transportation networks [J]. Journal of Advanced Transportation, 2013, 47 (1): 79 – 104.

[141] 黄林, 王阳军, 卢红锋. 配送服务时间可靠性研究 [J]. 物流科技, 2008, 31 (6): 7 – 9.

[142] Bricker J. L. A unified method for analyzing mission reliability for fault tolerant computer systems [J]. IEEE Transactions on Reliability, 1973, 22 (2): 72 – 77.

[143] Mo Y., Siewiorek D., Yang X. Mission reliability analysis of fault-tolerant multiple-phased systems [J]. Reliability Engineering and System Safety, 2008, 93 (7): 1036 – 1046.

[144] Heydecker B. G., Lam W. H. K., Zhang N. Use of travel demand satisfaction to assess road network reliability [J]. Transportmetrica,

2007, 3 (2): 139 – 171.

[145] Soltani – Sobh A., Heaslip K., E l Khoury J. Estimation of road network reliability on resiliency: An uncertain based model [J]. International Journal of Disaster Risk Reduction, 2015, 14: 536 – 544.

[146] Ushakov I. A. A universal generating function [J]. Soviet Journal of Computer and Systems Sciences, 1986, 24 (5): 118 – 129.

[147] Ushakov I. A. Optimal standby problems and a universal generating function [J]. Soviet journal of computer and systems sciences, 1987, 25 (4): 79 – 82.

[148] Zuo M. J., Tian Z., Huang H. Z. An efficient method for reliability evaluation of multistate networks given all minimal path vectors [J]. IIE Transactions, 2007, 39 (8): 811 – 817.

[149] Yeh W. C. An improved sum-of-disjoint-products technique for symbolic multi-state flow network reliability [J]. IEEE Transactions on Reliability, 2015, 64 (4): 1185 – 1193.

[150] Bai G., Zuo M. J., Tian Z. Ordering heuristics for reliability evaluation of multistate networks [J]. IEEE Transactions on Reliability, 2015, 64 (3): 1015 – 1023.

[151] Ahuja R. K., Kodialam M., Mishra A. K., et al. Computational investigations of maximum flow algorithms [J]. European Journal of Operational Research, 1997, 97 (3): 509 – 542.

[152] Ahuja R. K., Magnanti T. L., Orlin J. B. Network flows – Theory, Algorithms, and Applications [M]. Englewood cliffs, NJ: Prentice – Hall International, 1993.

[153] World Bank. The Logistics Performance Index and Its Indicators. 2010.

[154] World Bank. The Logistics Performance Index and Its Indicators. 2012.

后　　记

　　改革开放以来，煤炭工业经过三十多年的现代化建设，煤炭开发规模、大基地建设、产业结构、现代化水平、全员效率都发生了根本性变化。煤炭作为我国的主要能源，在我国一次能源结构中的比重达到60%，有力地支撑了国民经济和社会的长期平稳较快发展。但是北煤南运、西煤东运的基本格局没有改变。因此，煤炭运输就成为实现国民经济平稳发展的重要保障，而煤炭运输网络的可靠性又是重中之重。

　　河南理工大学工商管理学院河南省高等学校人文社科重点研究基地"能源经济研究中心"自2004年成立以来，依托"矿业管理工程博士授权点"，长期致力于能源、环境与可持续发展的研究，重点围绕能源经济与政策、矿业管理工程、资源枯竭型城市转型与发展等方面进行较为系统和富有创新的理论、模型与应用研究，本书就是这一系统研究的重要成果之一。

　　本书在写作过程中，得到了舒良友、徐君、王晖、孙东升、吴玉萍、原白云几位教授、博士在提纲讨论、书稿修改过程中提出的宝贵意见，在此谨向他们表示由衷的感谢。

曾　旗

2018 年 5 月